RUDOLF STEINER GESAMTAUSGABE
VORTRÄGE

VORTRÄGE VOR MITGLIEDERN
DER ANTHROPOSOPHISCHEN GESELLSCHAFT

RUDOLF STEINER

# Die neue Geistigkeit und das Christus-Erlebnis des zwanzigsten Jahrhunderts

Sieben Vorträge, gehalten in Dornach
zwischen dem 17. und 31. Oktober 1920

1980
RUDOLF STEINER VERLAG
DORNACH/SCHWEIZ

Nach vom Vortragenden nicht durchgesehenen Nachschriften
herausgegeben von der Rudolf Steiner-Nachlaßverwaltung
Die Herausgabe dieser Ausgabe besorgte Andreas Dollfus

1. Auflage Dornach 1949

2., um den Vortrag vom 17. Oktober 1920 erweiterte Auflage
Gesamtausgabe Dornach 1970

3., neu durchgesehene Auflage
Gesamtausgabe Dornach 1980

Bibliographie-Nr. 200

Signet auf dem Einband nach einem Entwurf von Rudolf Steiner
Zeichnungen im Text nach Tafelzeichnungen Rudolf Steiners,
ausgeführt von Leonore Uhlig

Printed in Switzerland by Zbinden Druck und Verlag AG, Basel

ISBN 3-7274-2000-6

## *Zu den Veröffentlichungen aus dem Vortragswerk von Rudolf Steiner*

Die Grundlage der anthroposophisch orientierten Geisteswissenschaft bilden die von Rudolf Steiner (1861-1925) geschriebenen und veröffentlichten Werke. Daneben hielt er in den Jahren 1900 bis 1924 zahlreiche Vorträge und Kurse, sowohl öffentlich wie auch für die Mitglieder der Theosophischen, später Anthroposophischen Gesellschaft. Er selbst wollte ursprünglich, daß seine durchwegs frei gehaltenen Vorträge nicht schriftlich festgehalten würden, da sie als «mündliche, nicht zum Druck bestimmte Mitteilungen» gedacht waren. Nachdem aber zunehmend unvollständige und fehlerhafte Hörernachschriften angefertigt und verbreitet wurden, sah er sich veranlaßt, das Nachschreiben zu regeln. Mit dieser Aufgabe betraute er Marie Steiner-von Sivers. Ihr oblag die Bestimmung der Stenographierenden, die Verwaltung der Nachschriften und die für die Herausgabe notwendige Durchsicht der Texte. Da Rudolf Steiner aus Zeitmangel nur in ganz wenigen Fällen die Nachschriften selbst korrigieren konnte, muß gegenüber allen Vortragsveröffentlichungen sein Vorbehalt berücksichtigt werden: «Es wird eben nur hingenommen werden müssen, daß in den von mir nicht nachgesehenen Vorlagen sich Fehlerhaftes findet.»

Über das Verhältnis der Mitgliedervorträge, welche zunächst nur als interne Manuskriptdrucke zugänglich waren, zu seinen öffentlichen Schriften äußert sich Rudolf Steiner in seiner Selbstbiographie «Mein Lebensgang» (35. Kapitel). Der entsprechende Wortlaut ist am Schluß dieses Bandes wiedergegeben. Das dort Gesagte gilt gleichermassen auch für die Kurse zu einzelnen Fachgebieten, welche sich an einen begrenzten, mit den Grundlagen der Geisteswissenschaft vertrauten Teilnehmerkreis richteten.

Nach dem Tode von Marie Steiner (1867-1948) wurde gemäß ihren Richtlinien mit der Herausgabe einer Rudolf Steiner Gesamtausgabe begonnen. Der vorliegende Band bildet einen Bestandteil dieser Gesamtausgabe. Soweit erforderlich, finden sich nähere Angaben zu den Textunterlagen am Beginn der Hinweise.

INHALT

# ERSTER VORTRAG

Dornach, 17. Oktober 1920

Es ist in den Vorträgen, die hier während des Kursus über Geschichte gehalten worden sind, mehreres erwähnt worden, das zu betrachten gerade in der gegenwärtigen Zeit von einer ganz besonderen Wichtigkeit sein kann. Zunächst ist in bezug auf den geschichtlichen Verlauf der Menschheitsentwickelung die ja oftmals besprochene Frage erwähnt worden, ob die hauptsächlichsten treibenden Kräfte in dieser Entwickelung die einzelnen hervorragenden, tonangebenden Persönlichkeiten seien, oder ob das Wesentliche bewirkt werde nicht von diesen einzelnen Persönlichkeiten, sondern von den Massen. Es ist dieses in vielen Kreisen immer ein strittiger Punkt gewesen, und über ihn wurde wirklich mehr aus Sympathie und Antipathie heraus entschieden als aus wirklicher Erkenntnis. Das ist die eine Tatsache, die ich gewissermaßen als wichtig erwähnen möchte. Die andere Tatsache, die ich gerade aus den geschichtlichen Betrachtungen heraus als wichtig hier notieren möchte, ist die folgende: Mit einem deutlichen Kundgeben ist im Beginn des 19. Jahrhunderts *Wilhelm von Humboldt* aufgetreten, indem er verlangt hat, die Geschichte solle so betrachtet werden, daß man nicht nur die einzelnen Tatsachen in Erwägung zieht, die äußerlich in der physischen Welt zu beobachten sind, sondern aus einer zusammenfassenden, synthetisierenden Kraft heraus dasjenige sieht, was im geschichtlichen Werden wirksam ist, was aber eigentlich nur gefunden werden kann von demjenigen, der in einem gewissen Sinne dichterisch, aber dann eigentlich die Wahrheit dichtend, die geschichtlichen Tatsachen zusammenzufassen weiß. Es ist auch darauf aufmerksam gemacht worden, wie im Laufe des 19. Jahrhunderts dann gerade die entgegengesetzte geschichtliche Denkweise und Gesinnung eine besondere Ausbildung erfahren hat, wie keineswegs Ideen in der Geschichte verfolgt worden sind, sondern eben nur der Sinn für die äußere Tatsachenwelt entwickelt worden ist. Und es ist darauf aufmerksam gemacht worden, daß gerade über die letztere Frage eigentlich erst zur Klarheit gekommen werden kann aus der Geisteswissenschaft heraus, weil ja erst die Geisteswissenschaft die wirklichen treibenden Kräfte des geschichtlichen Werdens der Menschheit enthüllen kann. Humboldt war eine solche Geisteswissenschaft noch nicht zugänglich. Er sprach von Ideen, aber Ideen haben doch keine treibende Kraft. Ideen als solche sind eben Abstraktionen, wie ich schon gestern hier erwähnte. Und derjenige, der auch Ideen als die treibenden Kräfte der Geschichte finden möchte, könnte niemals beweisen, daß diese Ideen wirklich etwas tun, denn sie sind nichts Wesenhaftes, und nur Wesenhaftes kann etwas tun. Die Geisteswissenschaft deutet auf wirkliche geistige Kräfte hin, die hinter den sinnlich-physischen Tatsachen sind, und in solchen wirklichen geistigen Kräften liegen die Motoren des Geschichtlichen, wenn auch diese geistigen Kräfte für den Menschen dann eben durch Ideen ausgedrückt werden müssen.

Aber über all diese Dinge kommen wir nur zur Klarheit, wenn wir einen tieferen Blick eben gerade vom geisteswissenschaftlichen Standpunkte aus in das geschichtliche Werden der Menschheit werfen, und wir wollen es heute einmal so tun, daß durch unsere Betrachtungen einige Tatsachen uns erfließen, die gerade für die Beurteilung der gegenwärtigen Menschheitssituation wichtig sein können. Ich habe schon öfter erwähnt, daß die Geisteswissenschaft, wenn sie geschichtliche Betrachtungen anstellt, dann eigentlich eine Symptomatologie betreiben müsse, eine Symptomatologie, die darin besteht, daß man sich bewußt ist: Hinter dem, was als physisch-sinnlicher Tatsachenstrom abläuft, liegen die treibenden geistigen Kräfte. Aber es gibt überall in dem geschichtlichen Werden Punkte, wo das eigentlich Wesenhafte symptomatisch an die Oberfläche tritt und wo man es beurteilen kann aus den Erscheinungen heraus, wenn man nur die Möglichkeit hat, in seiner Erkenntnis von diesen Erscheinungen aus mehr hineinzudringen in die Tiefen des geschichtlichen Werdens.

Ich möchte das durch eine einfache versinnlichende Zeichnung klarmachen. Nehmen wir einmal an, dies wäre ein Strom von geschichtlichen Tatsachen (siehe Zeichnung). Dasjenige, was treibende Kräfte sind, liegt eigentlich für die gewöhnliche Beobachtung unter dem Strom dieser Tatsachen. Wenn etwa ein Seelenauge diesen Strom der Tatsachen so beobachtet, dann würde unter dem Strom der Tatsachen das eigentliche Wirken der treibenden Kräfte liegen (rot). Aber es gibt bedeutsame Punkte innerhalb des Tatsachenstromes. Und diese bedeutsamen Punkte zeichnen sich eben dadurch aus, daß bei ihnen das sonst sich Verbergende an die Oberfläche tritt. So daß wir sagen können: Hier würde an einer besonderen Erscheinung, die man nur richtig abschätzen muß, klarwerden können, was auch sonst überall wirkt, was sich aber nicht an so prägnanten Erscheinungen zeigt. – Nehmen wir an, das (siehe Zeichnung) wäre in irgendeinem Jahre der Weltgeschichte, was sich hier abspielt etwa 800 nach Christi Geburt.

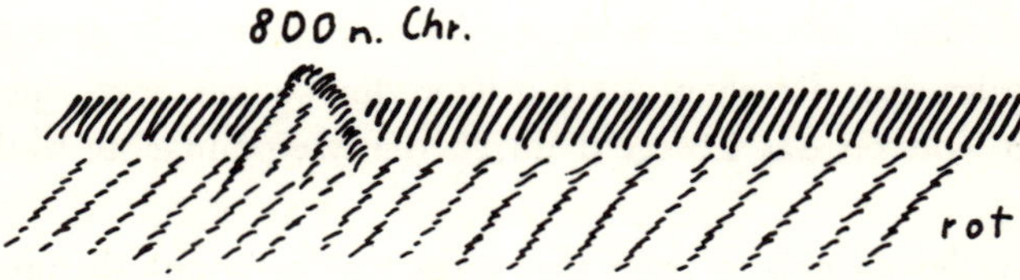


Dasjenige, was für Europa, sagen wir, für Westeuropa bedeutsam war, wirkte natürlich auch vorher, wirkte auch nachher; aber nicht in einer so prägnanten Art zeigte es sich in der vorhergehenden Zeit und in der nachfolgenden Zeit, wie gerade da. Wenn man auf eine solche Geschichtsbetrachtung weist, die hinschaut auf prägnante Punkte, so liegt eine solche durchaus im Sinne des Goetheanismus. Denn *Goethe* wollte überhaupt alle Weltbetrachtung so einrichten, daß auf gewisse prägnante Punkte hingeschaut werde, und aus dem, was in solchen prägnanten Punkten erschaut werden kann, dann der übrige Gehalt des Weltgeschehens erkannt werden sollte. Goethe sagt geradezu, innerhalb der Fülle der Tatsachen komme es darauf an, überall einen prägnanten Punkt zu finden, von dem aus sich die Nachbargebiete überschauen lassen, von dem aus sich viel enträtseln läßt.

Nun, nehmen wir dieses Jahr 800 etwa. Da können wir auf eine Tatsache hinweisen in der westeuropäischen Menschheitsentwickelung, die gegenüber der gewöhnlichen Geschichtsbetrachtung unbedeutend erscheinen könnte, die man vielleicht gar nicht beachtenswert findet für das, was man sonst Geschichte nennt, die aber doch für eine tiefere Betrachtung des Menschheitswerdens eben ein prägnanter Punkt ist.

Um dieses Jahr herum etwa war eine Art theologisch-gelehrter Streit zwischen dem Manne, der eine Art Hofphilosoph des Frankenreiches war, *Alkuin,* und einem damals im Frankenreiche lebenden Griechen. Der Grieche, der bewandert war gerade in der besonderen Seelenverfassung des Griechenvolkes, die sich auf ihn herüber vererbt hatte, hatte die Prinzipien des Christentums beurteilen wollen und kam auf den Begriff der Erlösung. Er stellte die Frage: Wem ist denn eigentlich bei dieser Erlösung durch den Christus Jesus das Lösegeld ausbezahlt worden? – Er, der griechische Denker, kam zu der Lösung, dem Tod sei das Lösegeld ausbezahlt worden. Also es war gewissermaßen eine Art Erlösungstheorie, die dieser Grieche aus dieser ganz griechischen Denkweise, die eben das Christentum kennenlernt, entwickelt hat. Dem Tod sei das Lösegeld durch die Weltenmächte ausbezahlt worden.

Alkuin, der damals in jener theologischen Strömung drinnenstand, welche dann maßgebend geworden ist für die Entwickelung der römisch-katholischen Kirche des Abendlandes, diskutierte in der folgenden Weise über das, was dieser Grieche vorgebracht hatte. Er sagte: Das Lösegeld kann doch nur einem Wesen ausbezahlt werden, das wirklich ist; aber der Tod hat doch keine Wirklichkeit, der Tod schließt nur die Wirklichkeit ab, der Tod ist nichts Wirkliches; also könne auch nicht das Lösegeld an den Tod bezahlt worden sein.

Nun, es kommt jetzt nicht darauf an, die Alkuinsche Denkweise zu kritisieren; denn für denjenigen, der die Tatsachenzusammenhänge etwas durchschauen kann, hat die ganze Anschauung, daß der Tod kein Wirkliches sei, etwas Ähnliches mit jener Anschauung, die sagt: Die Kälte ist doch nichts Wirkliches, sondern sie ist nur die Herabminderung der Wärme, ist nur eine geringere Wärme; da die Kälte nichts Wirkliches ist, ziehe ich mir keinen Winterrock im Winter an, denn ich werde mich doch nicht gegen etwas Unwirkliches schützen. – Aber davon wollen wir ganz absehen, wir wollen vielmehr den Streit zwischen Alkuin und dem Griechen rein positiv nehmen und wollen uns fragen, was da eigentlich geschehen ist; denn es ist schon etwas höchst Auffälliges, daß ja nicht diskutiert wird über den Begriff der Erlösung selber, nicht diskutiert wird so, daß gewissermaßen die beiden Persönlichkeiten, der Grieche und der römisch-katholische Theologe, denselben Gesichtspunkt einnehmen, sondern daß der römisch-katholische Theologe den Standpunkt ganz verschiebt, bevor er überhaupt darauf eingeht. Er redet nicht in der Richtung weiter, die er gerade eingeschlagen hat, sondern er bringt das ganze Problem in eine ganz andere Richtung. Er fragt: Ist der Tod etwas Wirkliches oder nicht? – und wendet ein, der Tod sei eben nichts Wirkliches.

Das weist uns von vorneherein darauf hin, daß da zwei Anschauungen zusammenstoßen, die aus ganz verschiedenen Seelenverfassungen herauskommen. Und so ist es auch. Der Grieche dachte gewissermaßen noch fort in der Richtung, die im Griechentum im Grunde genommen erst verglommen war zwischen *Plato* und *Aristoteles*. In Plato war noch etwas lebendig von der alten Weisheit der Menschheit, von jener Weisheit, die uns hinüberführt nach dem alten Orient, wo, allerdings in alten Zeiten, eine Urweisheit gelebt hat, die dann immer mehr und mehr in die Dekadenz gekommen ist. Die letzten Ausläufer, möchte ich sagen, dieser orientalischen Urweisheit, finden wir bei Plato, wenn wir ihn richtig verstehen können. Dann setzt, wie durch eine rasch sich entwickelnde Metamorphose, der Aristotelismus ein, der im Grunde genommen eine ganz andere Seelenverfassung darbietet, als es die platonische ist. Der Aristotelismus stellt ein ganz anderes Element dar in der Menschheitsentwickelung als der Platonismus. Und wenn wir den Aristotelismus dann weiter verfolgen, so nimmt er auch wiederum verschiedene Formen, verschiedene Metamorphosen an, aber sie lassen sich doch alle in ihrer Ähnlichkeit erkennen. Wir sehen dann, wie als altes Erbgut in dem Griechen, der gegen Alkuin zu kämpfen hat, der Platonismus weiter fortlebt, wie aber bei Alkuin bereits der Aristotelismus vorhanden ist. Und wir werden hingewiesen, indem diese beiden Menschen in unser Blickfeld treten, auf jenes Wechselspiel, das sich vollzogen hat auf europäischem Boden zwischen zwei, man kann nicht einmal gut sagen Weltanschauungen, sondern menschlichen Seelenverfassungen, derjenigen, die ihren Ursprung noch hat in alten Zeiten des Orients drüben und derjenigen, die sich dann später hineinstellt, die wir im Orient noch nicht finden, die auftauchte in den mittleren Gegenden der Zivilisation, die Aristoteles zuerst ergriffen hat. Sie klingt in Aristoteles aber erst leise an; denn in ihm lebt doch noch viel Griechentum, sie entwickelt sich aber dann mit besonderer Vehemenz in der römischen Kultur, innerhalb welcher sie sich schon lange vor Aristoteles, ja vor Plato vorbereitet hat. So daß wir auch sehen, wie auf der italienischen Halbinsel schon seit dem 8. vorchristlichen Jahrhundert sich eine besondere Kultur, nur nuanciert, vorbereitet neben dem, was auf der griechischen Halbinsel weiterlebt wie eine Art letzter Ausläufer der orientalischen Seelenverfassung. Und wenn wir auf die Unterschiede dieser beiden menschlichen Denkweisen eingehen, so finden wir wichtige historische Impulse. Denn dasjenige, was sich in diesen Denkweisen ausdrückt, ging dann über in das Gefühlsleben der Menschen, ging über in die Struktur der menschlichen Handlungen und so weiter.

Nun fragen wir uns einmal: Was lebte denn in dem, was in Urzeiten sich entwickelte im Oriente drüben als Weltanschauung, was dann im Platonismus, ja sogar noch im Neuplatonismus als in einem Spätling seine Ausläufer fand. Es ist eine hochgeistige Kultur, die aus einer inneren Anschauung kam, welche vorzugsweise in Bildern, in Imaginationen lebte, aber in Bildern, die nicht durchdrungen waren von dem Vollbewußtsein, noch nicht durchdrungen waren von dem vollen Ich-Bewußtsein der Menschen. In gewaltigen Bildern ging gerade im alten orientalischen Geistesleben, von dem Veda und Vedanta die Nachklänge sind, dasjenige auf, was eben im Menschen als das Geistige lebt. Aber es war in einer – ich bitte, das Wort nicht mißzuverstehen und es nicht mit dem gewöhnlichen Träumen zu verwechseln –, es war in einer traumhaften, in einer dumpfen Art vorhanden, so daß dieses Seelenleben nicht durchwellt und durchstrahlt war von dem, was im Menschen lebt, wenn er deutlich sich seines Ich und seiner eigenen Wesenheit bewußt wird. Der Orientale war sich wohl bewußt, daß seine Wesenheit vorhanden war vor der Geburt, daß sie durch den Tod wiederum in dieselbe geistige Welt zieht, in der sie vor der Geburt oder vor der Empfängnis vorhanden war. Der Orientale schaute auf dasjenige, was durch Geburten und Tode zog. Aber jenes innere Fühlen, das in dem «Ich bin» lebt, das schaute der Orientale als solches nicht an. Es war gewissermaßen dumpf, wie ausgeflossen in einer Gesamtseelenanschauung, die sich nicht bis zu einem solchen Punkte hin konzentriert, wie es das Ich-Erlebnis ist. In was schaute denn da der Orientale eigentlich hinein, wenn er sein instinktives Schauen hatte?

Man kann es noch fühlen, wie ganz anders diese orientalische Seelenverfassung war als die der späteren Menschheit, wenn man sich zu diesem Verständnis, vielleicht durch Geisteswissenschaft vorbereitet, in jene merkwürdigen Schriften vertieft, die zugeschrieben werden – ich will jetzt die Autorfrage nicht weiter untersuchen, ich habe mich öfter darüber ausgesprochen – dem *Dionysius vom Areopag,* dem Areopagiten. Da wird noch gesprochen von dem «Nichts» als von einer Realität, der nur das Sein der äußeren Welt, wie man sie im gewöhnlichen Bewußtsein überblickt, als etwas anderes Reales entgegengestellt wird. Dieses Sprechen von dem Nichts, das klingt dann noch weiter fort. Bei *Scotus Erigena,* der am Hofe *Karls des Kahlen* lebte, findet man noch Nachklänge, und den letzten Nachklang findet man dann im 15. Jahrhundert bei *Nikolaus Cusanus.* Aber dann verglimmt das vollständig, was gemeint war in dem Nichts, das man bei Dionysius dem Areopagiten findet, von dem aber der Orientale als von etwas ihm Selbstverständlichen sprach. Was war für den Orientalen dieses Nichts? Es war ein Wirkliches für ihn. Er richtete den Blick in die umgebende Sinneswelt, er sagte sich: Diese Sinneswelt ist ausgedehnt im Raum, verfließt in der Zeit, und man sagt im gewöhnlichen Leben zu dem, was im Raume ausgedehnt ist und in der Zeit verfließt, es sei ein Etwas.

Aber das, was der Orientale sah, was für ihn eine Realität war, die durch Geburten und Tode geht, das war nicht in diesem Raum enthalten, in dem sich die Mineralien befinden, die Pflanzen sich entwickeln, die Tiere sich bewegen, der Mensch als physisches Wesen sich bewegt und handelt, es war auch nicht in jener Zeit enthalten, in der sich unsere Vorstellungen, Gefühle und Willensimpulse abspielen. Der Orientale war sich ganz klar: Man muß aus diesem Raume herausgehen, in dem die physischen Dinge ausgedehnt sind, und sich bewegen, und man muß aus dieser Zeit herausgehen, in der unsere Seelenkräfte des gewöhnlichen Lebens sich betätigen. Man muß in eine ganz andere

Welt eindringen, in die Welt, die für das äußere zeitlich-räumliche Dasein das Nichts ist, das aber doch ein Wirkliches ist. Der Orientale empfand eben gegenüber den Welterscheinungen etwas, was der Europäer höchstens noch auf dem Gebiete der realen Zahl empfindet. Wenn der Europäer fünfzig Franken hat, so hat er etwas. Wenn er fünfundzwanzig Franken davon ausgibt, so hat er nur noch fünfundzwanzig Franken; wenn er wieder fünfzehn Franken ausgibt, so hat er noch zehn; wenn er diese auch ausgibt, hat er nichts; wenn er jetzt mit Ausgeben weiterfährt, hat er fünf, zehn, fünfzehn, fünfundzwanzig Franken Schulden. Er hat immer nichts, aber er hat doch etwas sehr Reales, wenn er statt einfach leerem Portemonnaie fünfundzwanzig oder fünfzig Franken Schulden hat. Das bedeutet in der realen Welt auch etwas sehr Reales, wenn man diese Schulden hat. Es ist ein Unterschied in der ganzen Lebenssituation, ob man nichts hat oder ob man fünfzig Franken Schulden hat. Diese fünfzig Franken Schulden sind ebenso wirksame Kräfte für die Lebenssituation, wie auf der anderen Seite im entgegengesetzten Sinne fünfzig Franken Vermögen wirksame Kräfte sind. Auf diesem Gebiete läßt sich wahrscheinlich der Europäer auf die Realität der Schulden ein, denn es muß in der realen Welt immer etwas vorhanden sein, wenn man Schulden hat. Die Schulden, die man selber hat, mögen für einen eine noch so sehr negative Größe sein, für den anderen, dem man sie schuldet, sind sie aber eine recht positive Größe.

Also, wenn es nicht bloß auf das Individuum ankommt, sondern auf die Welt, dann ist dasjenige, was ja nach der einen Seite der Null liegt, die entgegengesetzt ist der Vermögensseite, doch etwas sehr Reales. Der Orientale empfand, aber nicht, weil er irgendwie spekulierte, sondern weil ihn seine Anschauung nötigte, so zu empfinden, er empfand: Da erlebe ich auf der einen Seite den Raum und die Zeit, und auf der anderen Seite erlebe ich dasjenige, was nicht im Raum und in der Zeit beobachtet werden kann, was für die Raum- und Zeitdinge und für das Raum- und Zeitgeschehen ein Nichts ist, aber eine Realität ist, eben nur eine andere Realität. Nur durch ein Mißverständnis ist dann dasjenige entstanden, dem sich die abendländische Zivilisation unter Roms Führung hingegeben hat: die Schöpfung der Welt aus dem Nichts, wobei man unter dem Nichts nur die Null gedacht hat. Im Oriente, wo diese Dinge ursprünglich konzipiert worden sind, entsteht die Welt nicht aus dem Nichts, sondern aus jenem Realen, auf das ich Sie eben hingewiesen habe. Und ein Nachklang desjenigen, das durch alle orientalische Denkweise und bis zu Plato herunter vibriert hat, was Ewigkeitsimpuls einer alten Weltanschauung war, ein Nachklang davon lebte in dem Griechen am Hofe *Karls des Großen,* der mit Alkuin zu diskutieren hatte. Und eine Abweisung des geistigen Lebens, für das dieses Nichts die äußere Form war im Oriente, lebte bei dem Theologen Alkuin, der daher, als der Grieche von dem Tod, der aus dem geistigen Leben heraus verursacht ist, als von etwas Realem sprach, nur erwidern konnte: Der Tod ist doch ein Nichts, also kann er kein Lösegeld erhalten.

Sehen Sie, all das, was Gegensatz ist zwischen alter orientalischer, bis zu Plato reichender Denkweise und dem, was später folgte, drückt sich aus in diesem prägnanten Punkte, wo Alkuin mit dem Griechen am Hofe Karls des Großen diskutierte. Denn, was war mittlerweile eingezogen in die europäische Zivilisation seit Plato, namentlich durch die Verbreitung des romanischen Wesens? Es war eingezogen diejenige Denkweise, welche man dadurch zu begreifen hat, daß sie vorzugsweise auf das geht, was der Mensch durchlebt zwischen Geburt und Tod. Die Seelenverfassung, die sich vorzugsweise beschäftigt mit dem, was der Mensch durchlebt zwischen Geburt und Tod, das ist die logisch-juristische, die logisch dialektisch-juristische. Das Morgenland hatte nichts Logisch-Dialektisches und am wenigsten etwas Juristisches. Das Abendland brachte in die morgenländische Denkweise das logisch-juristische Denken so stark hinein, daß wir selbst das religiöse Empfinden durchjuristet finden. Wir sehen in der Sixtinischen Kapelle in Rom uns entgegenragen von der Meisterhand *Michelangelos* den Weltenrichter Christus, der da richtet über die Guten und die Bösen.

In die Gedanken über den Weltverlauf ist Juristisch-Dialektisches hineingezogen. Ganz fremd war das der orientalischen Denkweise. Da gab es so etwas nicht, wie Schuld und Sühne, wie Erlösung überhaupt. Daher kann der Grieche fragen: Was ist denn diese Erlösung? – Da gab es eben die Anschauung jener Metamorphose, durch die sich das Ewige umgestaltet durch Geburten und Tode hin; da gab es dasjenige, was in dem Begriff des Karma lebte. Dann aber wurde alles hereingespannt in eine Anschauungsweise, welche eigentlich nur gültig ist für das Leben zwischen Geburt und Tod, welche nur umfassen kann dieses Leben zwischen Geburt und Tod. Das aber, dieses Leben zwischen Geburt und Tod, hatte sich gerade wieder dem Orientalen entzogen. Er blickte viel mehr auf des Menschen Wesenskern hin. Er hatte weniger Verständnis für das, was sich zwischen Geburt und Tod abspielte. Und innerhalb dieser abendländischen Kultur wurde nun groß jene Denkweise, die vorzugsweise das erfaßt, was innerhalb von Geburt und Tod sich abspielt durch jene Kräfte, die der Mensch dadurch hat, daß er sein Geistig-Seelisches mit einem Leib umkleidet hat, mit einem physischen und ätherischen Leibe. In dieser Konstitution, in dem innerlichen Erleben des Geistig-Seelischen und in der Art dieses Erlebens, die davon herkommt, daß man eben eingetaucht ist mit dem Geistig-Seelischen in einen physischen Leib, kommt die klare, die volle Erfassung, die innerliche Erfassung des Ich. Daher geschieht es auch im Abendlande, daß der Mensch sich gedrängt fühlt, gerade sein Ich zu erfassen, sein Ich als Göttliches zu erfassen. Wir sehen diesen Drang, das Ich als ein Göttliches zu erfassen, auftreten bei den mittelalterlichen Mystikern, bei Eckart, bei Tauler, bei den anderen. Diese Erfassung des Ich kristallisiert sich mit aller Macht heraus in dem, was die mittlere Kultur ist. So daß wir unterscheiden können: die Ostkultur, die Zeit, in der das Ich erst dumpf erlebt wird; die Mittelkultur, sie ist vorzugsweise diejenige, in der das Ich erlebt wird. Und wir sehen, wie in den mannigfaltigsten Metamorphosen dieses Ich erlebt wird: erst, ich möchte sagen, in jener dämmerhaften Weise, in der es auftritt bei Eckart, bei Tauler, bei den anderen Mystikern; dann immer deutlicher und deutlicher, indem sich alles dasjenige herausentwickelt, was aus dieser Ich-Kultur stammen kann.

Wir sehen dann, wie innerhalb der Ich-Kultur der Mitte ein anderer Einschlag auftritt. Am Ende des 18. Jahrhunderts tritt in *Kant* etwas auf, was im Grunde genommen gar nicht erklärbar ist aus dem Fortströmen dieser Ich-Kultur. Denn, was kommt durch Kant herauf?

Kant untersucht das Erkennen der Natur. Er kommt nicht zurecht damit. Es fällt ihm das Naturerkennen auseinander in Subjektivitäten, er dringt nicht bis zum Ich vor, trotzdem er fortwährend vom Ich spricht, sogar aus dem Ich heraus in manchen Kategorien, in den Anschauungen von Raum und Zeit, die ganze Natur umfassen möchte. Er dringt doch nicht zum wirklichen Erleben des Ich vor. Er konstruiert auch eine praktische Philosophie mit dem kategorischen Imperativ, der aus unergründlichen Gegenden der Menschenseele sich kundgeben soll. Wiederum erscheint dabei nicht das Ich. In der Kantschen Philosophie ist es merkwürdig: Es ist die ganze Wucht der Dialektik, des dialektisch-logisch-juristischen Denkens da, indem alles auf das Ich hintendiert; aber er kann nicht dazu kommen, dieses Ich philosophisch wirklich zu durchschauen. Da muß irgend etwas sein, was ihn daran hindert. Dann kommt *Fichte,* der noch der Schüler Kants ist, und der mit aller Wucht seine ganze Philosophie aus diesem Ich herausquellen lassen will, der den, ich möchte sagen, durch seine Einfachheit niederschlagenden Satz als den höchsten Satz seiner Philosophie hinstellt: «Ich bin.» Und aus diesem «Ich bin» soll alles, was richtig wissenschaftlich ist, folgen. Man soll gleichsam deduzieren können, herauslesen können aus dem «Ich bin», die ganze Weltanschauung. Kant kann nicht zu dem «Ich bin» kommen. Fichte, gleich hinterher, noch als der Schüler Kants, schleudert ihm entgegen das «Ich bin». Und die Leute sind erstaunt: Das ist ein Schüler Kants, der redet so etwas! – Und Fichte sagt: So viel er verstehen könne, müsste Kant, wenn er richtig zu Ende denken könnte, dasselbe denken, was er denkt! – So unerklärlich ist es Fichte, daß Kant anders denkt als er, daß er sagt: Wenn Kant nur zu Ende denkt, so muß er geradeso denken, so muß er auch zu dem «Ich bin» kommen. – Und Fichte drückt das noch deutlicher aus, indem er sagt: Ich würde lieber die ganze Kantsche Kritik für ein blindes Spiel von zufällig durcheinander gewirbelten Begriffen halten, als für das Werk eines Kopfes, wenn nicht meine Philosophie aus der Kantschen richtig folgen würde. – Kant weist das selbstverständlich zurück. Er will nichts zu tun haben mit dem, was Fichte als seine Konsequenzen gezogen hat.

Nun sehen wir, wie sich an Fichte das anschließt, was dann als deutsche idealistische Philosophie in *Schelling*, in *Hegel* aufgesprossen ist, was all die Kämpfe hervorgerufen hat, von denen ich zum Teil in meinen Vorträgen über die Grenzen der Naturerkenntnis gesprochen habe. Aber wir sehen doch etwas Eigentümliches. Wir sehen, wie Hegel ganz in einer kristallklaren Ausgestaltung des Juristisch-Dialektisch-Logischen lebt und ein Weltanschauungsbild daraus gewinnt, aber nur ein Weltanschauungsbild, welches sich interessiert für dasjenige, was zwischen Geburt und Tod verfließt. Denn gehen Sie die ganze Hegelsche Philosophie durch, Sie finden darin nichts, was über Geburt und Tod hinausgeht. Es schließt alles mit der Weltgeschichte, mit Religion, Kunst und Wissenschaft, mit all dem, was hereinfällt in die Erlebnisse zwischen Geburt und Tod.

Was ist denn da Merkwürdiges geschehen? Nun, dasjenige, was in Fichte, Schelling und Hegel herausgekommen ist, diese stärkste Entfaltung der mittleren Kultur, in der das Ich zum vollen Bewußtsein, zum inneren Erleben kam, das war nur eine Reaktion noch, ein letztes Reagieren gegenüber etwas anderem. Denn man versteht Kant nur, wenn man folgendes richtig ins Auge faßt. Jetzt komme ich wieder an einen prägnanten Punkt, von dem sich vieles ableiten läßt. Sehen Sie, Kant war noch – das geht aus seinen älteren Schriften klar hervor – ein Schüler des Rationalismus des 18. Jahrhunderts, der in Leibniz in genialer, in Wolff in pedantischer Weise gelebt hat. Und man sieht: Diesem Rationalismus kam es eigentlich gar nicht darauf an, auf ein Geistig-Wirkliches wirklich zu kommen – Kant wies es daher ab, dieses «Ding an sich», wie er es nannte –, sondern es kam ihm darauf an, zu beweisen, sicher zu beweisen! Kants Schriften sind in dieser Beziehung auch merkwürdig. Er schrieb seine «Kritik der reinen Vernunft», in der er eigentlich fragt: Wie muß die Welt sein, damit man in ihr beweisen kann? – Nicht: Was sind die Realitäten dabei? –, sondern er frägt eigentlich: Wie muß ich mir die Welt denken, damit ich in ihr logisch-dialektisch, logisch beweisen kann? – Es kommt ihm nur darauf an, und er sucht in seinen «Prolegomena zu einer jeden künftigen Metaphysik, die als Wissenschaft wird auftreten können», eine Metaphysik zu dem, was sich in seinem Sinne beweisen läßt: Alles andere raus! Hol' der Teufel die Realität der Welt, man lasse mir nur die Kunst des Beweisens! Was schert mich, was die Wirklichkeit ist; wenn ich sie nicht beweisen kann, dann kümmere ich mich nicht um sie!

In dieser Weise haben diejenigen natürlich nicht gedacht, die solche Bücher geschrieben haben wie *Christian Wolff* zum Beispiel, «Vernünftige Gedanken von Gott, der Welt und der Seele des Menschen, auch allen Dingen überhaupt» etwa, sondern ihnen kam es darauf an, ein sauberes, in sich geschlossenes System von Beweisen zu haben, wie sie eben das Beweisen ansehen. Kant lebte in dieser Sphäre; aber da war immerhin etwas da, was zwar ein ausgepreßter Balg der mittleren Weltanschauung war, aber doch in die mittlere Weltanschauung hineinpaßte. Kant aber, der hat noch etwas anderes, was unerklärlich macht, wodurch er Fichtes Lehrer werden konnte. Er regt doch immerhin Fichte an, und Fichte wirft ihm wieder entgegen die starke Betonung des «Ich bin», wirft ihm entgegen allerdings nicht bloße Beweise, denn die wird man bei Fichte nicht suchen, aber ein vollentwickeltes inneres Seelenleben. Es taucht bei Fichte mit aller Kraft des inneren Seelenlebens eigentlich das auf, was man bei den Wolffianern, bei den Leibnizianern strohern finden kann. Fichte konstruiert seine Philosophie aus dem «Ich bin» heraus in lauter reinen Begriffen; nur sind sie bei ihm lebensvoll. Sie sind auch bei Schelling, sie sind auch bei Hegel. Aber was ist denn da eigentlich über Kant herüber geschehen? Nun, man trifft auf den prägnanten Punkt, wenn man Kant verfolgt, wie er sich entwickelt hat. Aus einem Schüler Wolffs ist etwas anderes dadurch geworden, daß ihn der englische Philosoph *David Hume,* wie er selber sagt, aus dem dumpf-apathischen Schlummer geweckt hat. Was ist da in Kant hineingefahren, was Fichte nicht mehr verstehen konnte? Da ist in Kant – es paßte nur schlecht in ihn hinein, weil er zu stark verstrickt war mit dem Mitteleuropäertum – hineingefahren dasjenige, was jetzt die Westkultur ist. Ihm trat sie entgegen in der Persönlichkeit des David Hume; da fuhr in Kant die Westkultur hinein. Und worin können wir ihr Eigentümliches suchen? In der morgenländischen Kultur, da finden wir, daß das Ich unten dumpf noch lebt, wie traumhaft, in den Seelenerlebnissen, die sich imaginativ bildhaft ausdrücken, ausbreiten. In der Westkultur, da finden wir, daß das

Ich gewissermaßen von den rein äußerlichen Tatsachen erdrückt wird. Da ist das Ich zwar vorhanden, da ist es aber nicht dumpf vorhanden, sondern da bohrt es sich hinein in die Tatsachen. Und da bildet man zum Beispiel eine merkwürdige Psychologie aus. Da redet man nicht so wie Fichte über das Seelenleben, der alles aus dem einen Punkt des Ich herausarbeiten möchte, da redet man von Gedanke und Gedanke und Gedanke, und diese assoziieren sich. Da redet man von Gefühlen und Vorstellungen und Empfindungen, und diese assoziieren sich, und auch Willensimpulse assoziieren sich. Da redet man von dem inneren Seelenleben so, wie von Gedanken, die sich assoziieren.

Fichte redet von dem Ich; das strahlt die Gedanken aus. Im Westen fällt das Ich vollständig heraus, weil es absorbiert, aufgesogen ist von den Gedanken, von den Empfindungen, die man wie selbständig macht, und die sich assoziieren und wieder trennen. Und man verfolgt das Seelenleben so, als ob sich die Vorstellungen verbinden und trennen würden. Lesen Sie *Spencer,* lesen Sie *John Stuart Mill,* lesen Sie die amerikanischen Philosophen: überall, wo sie auf Psychologie zu reden kommen, da ist diese merkwürdige Anschauung, die nicht das Ich ausschließt wie der Orient, weil es dort dumpf entwickelt wird, sondern die das Ich voll in Anspruch nimmt, aber es versinken läßt in die Region des vorstellenden, fühlenden, wollenden Seelenlebens. Man könnte sagen: Beim Orientalen ist das Ich noch *über* Vorstellen, Fühlen und Wollen; es ist noch nicht heruntergestiegen auf das Niveau von Vorstellen, Fühlen und Wollen. Bei dem Menschen der Westkultur ist das Ich schon *unter* der Sphäre, da ist es unter der Oberfläche von Denken, Fühlen und Wollen, so daß es zunächst nicht mehr be-

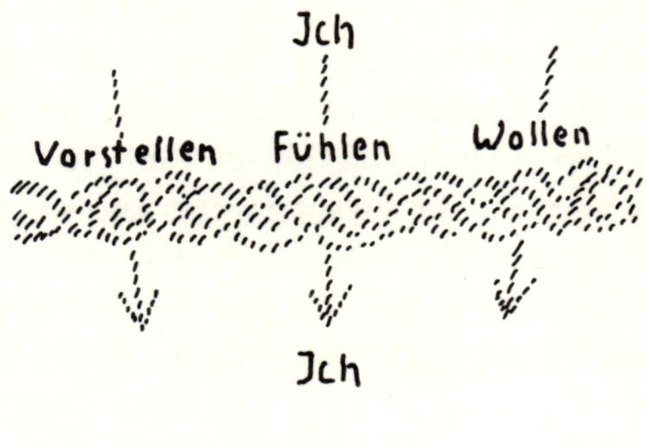

merkt wird und man von Denken, Fühlen und Wollen wie von selbständigen Mächten redet. – Das ist in Kant hineingefahren in der Gestalt der Philosophie des David Hume. Dem hat sich noch die mittlere Partie der Erdenkultur mit aller Gewalt entgegengestellt in Fichte, in Schelling, in Hegel. Dann überflutet mit dem Darwinismus, mit dem Spencerismus die Westkultur alles, was zunächst da ist.

Nur dann wird man zu einem Verständnisse desjenigen kommen können, was da lebt in der Menschheitsentwickelung, wenn man diese tieferen Kräfte untersucht. Dann findet man, daß sich auf eine naturgemäße Weise im Oriente etwas entwickelt, was eigentlich nur Geistesleben war. Da hat sich in dem mittleren Gebiete etwas entwickelt, was dialektisch-juristisch war, was eigentlich die Staatsidee hervorgebracht hat, weil es auf diese anwendbar ist. Gerade solche Denker, wie Fichte, Schelling, Hegel, konstruieren mit einer ungeheuren Sympathie die einheitlichen Staatsgebilde. Dann taucht aber im Westen eine solche Kultur auf, die von einer Seelenverfassung herrührt, wo das Ich absorbiert ist, unter dem Niveau von Denken, Fühlen und Wollen verläuft, wo man von Assoziationen spricht im Vorstellungs-, im Gefühlsleben. Man sollte dieses Denken nur auf das Wirtschaftsleben anwenden! Da ist es am richtigen Platze. Man war vollständig fehlgegangen, als man es anwendete zuerst auf etwas anderes als auf das Wirtschaftsleben. Da ist es groß, da ist es genial, und würde Spencer, würde John Stuart Mill, würde David Hume, würden sie alle dasjenige, was sie auf die Philosophie verschwendet haben, auf Einrichtungen des Wirtschaftslebens verwendet haben, es wäre großartig geworden. Würden die in Mitteleuropa wohnenden Menschen das, was ihnen als Begabung naturgemäß war, beschränkt haben auf den bloßen Staat, und würden sie nicht zugleich damit auch das Geistesleben und das Wirtschaftsleben haben erfassen wollen, es hätte etwas Großartiges daraus werden können. Denn mit dem, was Hegel denken konnte, was Fichte denken konnte, hätte man, wenn man innerhalb des juristisch-staatlichen Gebildes bliebe, das wir im dreigliedrigen Organismus heraussondern wollen als das staatliche Gebilde, etwas Großartiges erreichen können. Aber dadurch, daß diesen Geistern vorschwebte, sie müßten ein Staatsgebilde schaffen, wo das Wirtschaftsleben drinnen ist und das Geistesleben drinnen ist, dadurch wurden Karikaturen statt wirklicher Staatsgebilde. Und das Geistesleben hat man überhaupt nur gehabt als ein Erbgut des alten Orientes. Man wußte nur nicht, daß man noch von diesem Erbgut des alten Orientes lebte. Was zum Beispiel brauchbare Aufstellungen der christlichen Theologie sind, ja, was brauchbare Aufstellungen noch innerhalb unserer materialistischen Wissenschaften sind, es ist entweder altes orientalisches Erbgut, oder es ist ein Wechselbalg von juristisch-dialektischem Denken, oder es ist schon herübergenommen, so wie Spencer und Mill es getan haben, aus der westlichen Kultur, die für das Wirtschaftsleben besonders geeignet ist.

So war über die Erde hin verteilt geistiges Denken, das der alte Orient hatte, aber in einer instinktiven Weise, wie es heute nicht mehr zu gebrauchen ist, da es heute in der Dekadenz ist, dialektisch-staatliches Denken, das seine Auflösung erlebte gerade durch die Weltkatastrophe. Denn niemand war weniger geeignet, wirtschaftlich zu denken, als die Schüler von Fichte, Schelling und Hegel. Als sie anfingen, ein Reich zu gründen, das vorzugsweise durch die Wirtschaft groß werden wollte, mußten sie selbstverständlich unterliegen, denn das war nicht naturgemäß in ihrer Begabung gelegen. Verteilt war nach dem historischen Entwickelungsgang der Menschheit: geistiges Denken, staatlich-politisches Denken, wirtschaftliches Denken auf Osten, Mitte, Westen. Wir sind an dem Punkte der menschlichen Entwickelung angelangt, wo über die ganze Menschheit Verständnis, gleichermaßen Verständnis sich ausbreiten muß. Wie kann das geschehen?

Das kann nur geschehen aus der Initiationskultur, aus der neuen Geisteswissenschaft heraus, die nun nicht nach Einseitigkeiten hin sich entwickelt, sondern die gerade auf allen Gebieten das, was sich sonst von selber dreigegliedert hat, als Dreigliederung auch im sozialen Leben wirklich ins Auge faßt, die zusammenfaßt dasjenige, was über die Erde verbreitet ist. Diese kann aber nicht durch natürliche Anlagen verbreitet werden, sie kann nur dadurch verbreitet werden, daß man sich einläßt auf diejenigen, die diese Dinge durchschauen, die wirklich erleben können als ein besonderes Gebiet das Geistgebiet, als ein besonderes Gebiet das Staats- oder politische Gebiet, als ein besonderes

Gebiet das Wirtschaftsgebiet. Darin liegt die Einigung der Menschen über die Erde hin, daß dasjenige, was auf drei Sphären verteilt war, im Menschen zusammengefaßt wird, indem er es selbst im sozialen Organismus so gliedert, daß es sich vor ihm, vor seiner Nase, in Harmonie befinden kann. Das aber kann nur erfolgen aus der geisteswissenschaftlichen Schulung heraus. Und hier stehen wir an dem Punkte, wo wir sagen müssen: Wir sehen in alten Zeiten die einzelnen Persönlichkeiten, wir sehen sie aussprechen dasjenige, was der Geist der Zeit ist. Aber wenn wir wirklich prüfen, zum Beispiel gerade innerhalb der orientalischen Kultur, dann finden wir, daß im Grunde genommen in den Massen instinktiv lebte etwas von Seelenverfassung, was in einer merkwürdigen, selbstverständlichen Übereinstimmung mit dem war, was die einzelnen aussprachen.

Dieses Zusammenwirken wird aber immer geringer und geringer. In unserer Zeit sehen wir das entgegengesetzte Extrem sich herausbilden. Wir sehen in den Massen die entgegengesetzten Instinkte von dem heraufkommen, was der Menschheit eigentlich heilsam ist. Wir sehen heraufkommen, was gerade das notwendig macht, was dem Einzelnen, der auf die Geisteswissenschaft bis in ihre Tiefen eingehen kann, entströmen kann. Aus den Instinkten wird kein Heil kommen, allein aus jenem Verständnis, von dem hier auch Dr. *Unger* gesprochen hat, das oftmals betont wird, das jeder Mensch dem Geistesforscher entgegenbringen kann, wenn er sich nur dem gesunden Menschenverstand wirklich hingibt. So wird eine Kultur kommen, wo gerade die einzelne Individualität mit ihrem immer tieferen Eindringen in innere Tiefen der geistigen Welten von besonderer Wichtigkeit ist, und wo man den, der so eindringt in die geistigen Welten, gelten lassen will wie den, der sonst ein Handwerk betreibt. Man läßt sich nicht vom Schneider Stiefel machen, nicht vom Schuster rasieren, warum sollte man das, was man braucht als Weltanschauung, bei jemandem anderen holen als bei dem, der in sie eingeweiht ist? Aber das ist es ja, was gerade gegenwärtig im intensivsten Sinne notwendig ist zum Menschenheil, obwohl die Reaktion dagegen da ist, die zeigt, wie die Menschheit sich noch sträubt gegen das, was ihr heilsam ist. Das ist der furchtbare Kampf, der Ernst, in dem wir drinnenstehen.

Keiner Zeit ist notwendiger gewesen, daß hingehorcht werde auf das, was der Einzelne in dem oder jenem weiß, und daß – nicht auf Autoritätsglaube hin, sondern auf Verstand und auf verständnismäßige Zustimmung hin – wirken kann für das soziale Leben derjenige, der auf einem einzelnen Gebiete etwas weiß. Aber die Instinkte wenden sich zunächst dagegen, und man glaubt, daß man vom allgemeinen Nivellement aus irgend etwas Heilsames erreichen kann. Das ist der ernste Kampf, in dem wir drinnenstehen. Da hilft keine Sympathie und Antipathie, da hilft kein Leben in Schlagworten, da hilft nur ein klares Ansehen der Tatsachen. Denn heute entscheiden sich ja die großen Fragen, die Fragen, ob die Persönlichkeit oder die Masse eine Bedeutung hat. Für andere Zeiten hatte sie keine große Bedeutung, denn es stimmte die Masse mit den einzelnen Persönlichkeiten zusammen; die Persönlichkeiten waren gewissermaßen doch nur die Exponenten der Masse. Immer mehr gehen wir derjenigen Zeit entgegen, wo der Einzelne ganz in sich selber den Quell dessen suchen muß, was er zu finden hat, und was er dann wiederum hineinzuwerfen hat in das soziale Leben, und es ist nur das letzte Sträuben gegen diese Geltung gerade der Individualität und einer immer größeren und größeren Zahl von Individualitäten. Man kann geradezu hineinschauen, wie das, was Geisteswissenschaft zeigt, überall an dem prägnanten Punkt sich auch beweist. Wir reden von den notwendigen Assoziationen im Wirtschaftsleben, brauchen dazu ein bestimmtes Denken. In der Westkultur hat sich das entwickelt, indem man die Gedanken sich assoziieren läßt. Wenn man das nehmen könnte, was John Stuart Mill mit der Logik treibt, wenn man diese Gedanken dort herausnehmen und sie aufs Wirtschaftsleben anwenden könnte, da paßten sie hinein, da kämen gerade die Assoziationen hinein, die nicht hineinpassen in die Psychologie. Bis in dasjenige hinein, was so erscheint im Gebiete der menschlichen Entwickelung, verfolgt Geisteswissenschaft eben die Realität.

Daher steht Geisteswissenschaft mit vollem Bewußtsein in dem ganzen Ernst der gegenwärtigen Weltlage drinnen, sie weiß, welch großer Kampf sich abspielt zwischen dem, was aus der Geisteswissenschaft heraus an sozialen Impulsen in der Dreigliederung kommen kann und demjenigen, was als bolschewistische Welle, die zum Unheile der Menschheit führen würde, sich dieser Dreigliederung entgegenwirft. Und ein Drittes neben diesen beiden gibt es nicht. Zwischen diesen beiden muß sich der Kampf abspielen. Das muß man einsehen. Alles andere ist bereits Dekadentes. Wer unbefangen die Verhältnisse anschaut, in denen wir drinnenstehen, der muß sich schon sagen, daß es heute notwendig ist, daß alle Kräfte zusammengenommen werden, damit diese furchtbare ahrimanische Sache, die sich entgegenwirft der Geisteskultur, abgewehrt werden könne.

Dieser Bau steht da, zunächst unvollendet. Es ist heute aus den Mittelländern heraus nicht dasjenige zu haben, was ihn zum großen Teile bis zu diesem Punkte gebracht hat im Zusammenhange mit dem, was von den neutralen Staaten uns zugekommen ist. Wir müssen Zuschüsse aus den Ländern der ehemaligen Entente haben. Da muß Verständnis entwickelt werden für dasjenige, was eine Einheitskultur werden soll, die Geist und Politik und Wirtschaft enthält. Denn die Menschen müssen aus einer einseitigen Anlage heraus und denjenigen folgen, die auch von Politik und Wirtschaft etwas verstehen, die nicht nur in Dialektik machen, sondern auch Geistiges durchschauen und auf Wirtschaftsimpulse sich einlassen, nicht Staaten gründen wollen, in denen der Staat schon selber wirtschaften könne. Die westlichen Völker werden einsehen müssen, daß zu ihrer besonderen Zukunftsbegabung im wirtschaftlichen Assoziationenwesen, das sie gerade am verkehrten Ende, bei der Psychologie, angebracht haben, zu dem sich hinzuentwickeln muß: ein volles Verständnis des staatlich-politischen Elementes, welches andere Quellen hat als das wirtschaftliche Leben, und des geistigen Elementes zu gewinnen. Aber am Boden liegen die Mittelländer. Man wird in westlichen Gebieten das einsehen müssen – an den Orient ist ja gar nicht zu denken –, was dieser Bau hier will! Daher ist es nötig, daß man sich daraufhin besinnt, wie es geschehen muß, daß für diejenige Kultur wirklich gesorgt werde, die hier jetzt sich zeigen wollte als eine solche Kultur, die berufen ist, das Hochschulwesen der Zukunft zu durchdringen und die sich in der Begründung der Waldorfschule gezeigt hat als eine solche, die das Volksschulwesen durchleuchten kann. Aber wir brauchen dazu die verständnisvolle Unterstützung weitester Kreise.

Wir brauchen dazu vor allen Dingen Mittel. Zu all dem, was im höheren oder niederen Sinne Schule heißt, brauchen wir die Gesinnung, die ich schon betätigte damals, als die Waldorfschule in Stuttgart begründet wurde; bei der Begründung sagte ich es, in der Eröffnungsrede: Diese *eine* Waldorfschule, ja, schön, daß wir sie haben, aber für sich ist sie nichts; sie ist erst etwas, wenn wir in dem nächsten Vierteljahre zehn solcher Waldorfschulen errichten würden, und dann weitere. Das hat die Welt nicht verstanden, dazu hatte sie kein Geld. Denn da steht sie auf dem Standpunkt: Oh, die Ideale sind zu hoch und zu rein, als daß wir das schmutzige Geld an sie heranbringen sollten; das behalten wir lieber in der Tasche, da ist es am richtigen Platz, das schmutzige Geld. Die Ideale, oh, die sind viel zu rein, die darf man nicht besudeln mit dem Geld! – Es läßt sich allerdings eine solche Verkörperung der Ideale mit derjenigen Reinheit nicht erreichen, an die das schmutzige Geld nicht herangebracht wird, und so müssen wir schon daran denken, daß wir bis jetzt ja bei der einen Waldorfschule stehen blieben, die eigentlich noch nicht recht vorwärts kann, weil wir in großen Geldsorgen steckten im Herbste. Sie sind zunächst behoben; zu Ostern werden wir wieder davor stehen. Und hier, hier werden wir nach verhältnismäßig kurzer Zeit fragen: Sollen wir aufhören? Und wir werden aufhören müssen, wenn nicht vorher ein sehr stark in die Taschen greifendes Verständnis sich findet.

Daher kommt es darauf an, nach dieser Richtung hin Verständnis zu erwecken. Ich glaube nicht, daß viel Verständnis erwachsen würde – das hat sich uns schon gezeigt –, wenn wir sprechen würden, daß wir etwas wollen für den Bau in Dornach oder dergleichen. Aber – und dafür findet sich ja heute noch Verständnis –, wenn man Sanatorien oder dergleichen gründen will, dazu kriegt man Geld, so viel man will! Das wollen wir ja nicht gerade, wir wollen nicht lauter Sanatorien begründen, sind ganz einverstanden mit ihrer Begründung, soweit sie notwendig sind, aber hier handelt es sich vor allen Dingen um die Pflege derjenigen Geisteskultur, deren Notwendigkeit wohl sich beweisen wird aus dem, was gerade dieser Hochschulkursus hier leisten wollte. Daher versuchte ich dasjenige anzuregen, was ich vor einigen Tagen hier in das Wort zusammengefaßt habe: «Weltschulverein». Unsere deutschen Freunde sind abgereist; auf sie kommt es nicht an bei diesem Weltschulverein. Es kommt auf diejenigen an, die als Freunde zum größten Teil aus allen möglichen Gegenden der nichtdeutschen Welt hier erschienen sind und hier noch sitzen, daß sie verstehen dieses Wort «Weltschulverein», denn es ist notwendig, daß wir Schulen über Schulen in allen Gegenden der Welt aus dem pädagogisch-didaktischen Geiste heraus gründen, der in der Waldorfschule herrscht. Es ist notwendig, daß wir diese Schule erweitern können, bis wir den Anschluß finden an dasjenige, was wir hier als Hochschulwesen wollen. Dazu ist aber notwendig, daß wir imstande sind, diesen Bau mit allem, was zu ihm gehört, zu vollenden und fortwährend dasjenige unterhalten können, was notwendig ist, um hier zu wirken, um zu schaffen, zu schaffen an dem weiteren Ausbau aller einzelnen Wissenschaften aus dem Geiste der Geisteswissenschaft heraus.

Es fragen einen die Leute, wieviel Geld man zu alledem braucht. Man kann gar nicht sagen, wieviel man braucht, denn nach oben hat das überhaupt niemals eine Grenze. Selbstverständlich – einen Weltschulverein, wir werden ihn nicht dadurch begründen, daß wir ein Komitee schaffen von zwölf oder fünfzehn oder dreißig Personen, die schöne Statuten ausarbeiten, wie ein solcher Weltschulverein wirken und arbeiten soll. Das hat alles keinen Zweck. Ich gebe nichts auf Programme, nichts auf Statuten, sondern auf die Arbeit der lebendigen Menschen, die verständnisvoll wirken. Man wird diesen Weltschulverein einmal gründen können, nun, nach London wird man ja noch lange Zeit nicht kommen können; aber vom Haag oder von einem solchen Orte aus, wenn etwa dadurch eine Unterlage geschaffen ist, und noch durch manche andere Dinge, wenn diejenigen Freunde, die jetzt nach Norwegen oder Schweden oder Holland oder nach irgendwelchen anderen Ländern, nach England, Frankreich, Amerika und so weiter gehen, wenn diese Freunde überall, bei jedem Menschen, an den sie herankommen können, die Überzeugung, die wohlbegründete Überzeugung hervorrufen: Einen Weltschulverein muß es geben! – Das müßte wie ein Lauffeuer durch die Welt gehen: Ein Weltschulverein muß entstehen zur Beschaffung der materiellen Mittel für die Geisteskultur, die hier gemeint ist. – Kann man ja sonst als einzelner von allem möglichen Hunderte und Hunderte von Menschen überzeugen, warum sollte man denn nicht in einer kurzen Zeit – denn der Niedergang geht so schnell, daß nur kurze Zeit uns zur Verfügung steht –, als ein einzelner Mensch auf viele wirken können, so daß man, wenn man dann nach einigen Wochen etwa nach dem Haag kommt, sehen würde, wie schon weitverbreitet das Urteil ist: Die Entstehung eines Weltschulvereins ist notwendig, nur die Mittel fehlen zu alledem. Was man von Dornach aus will, ist eine historische Notwendigkeit. – Dann wird man reden können über die Inaugurierung dieses Weltschulvereins, wenn die Meinung über ihn schon da ist. Komitees zu begründen und den Weltschulverein zu beschließen, das ist utopistisch, das hat gar keinen Zweck; aber von Mensch zu Mensch zu wirken und die Meinung, die begründete Meinung in einer Raschheit zu verbreiten, die eben nötig ist, das ist dasjenige, was vorausgehen muß der Gründung. Geisteswissenschaft lebt in Realitäten. Deshalb läßt sie sich auch nicht auf programmäßige Vornahmen von Gründungen ein, sondern sie weist auf dasjenige hin, was unter Realitäten – die Menschen sind ja Realität –, was unter Menschen zu geschehen hat, damit eine solche Sache eine Aussicht hat.

Also darauf kommt es an, daß wir endlich lernen von der Geisteswissenschaft, im realen Leben zu stehen. Ich werde mich nie einlassen auf eine bloß utopistische Begründung des Weltschulvereins, sondern ich werde der Meinung immer sein: Der Weltschulverein kann erst entstehen, wenn eine genügend große Anzahl von Menschen von seiner Notwendigkeit überzeugt sind. Und damit dasjenige, was der Menschheit notwendig ist – es hat sich ja wohl aus unseren Hochschulkursen erwiesen –, geschehen könne, dazu muß dieser Weltschulverein gegründet werden. Also man sehe das, was mit diesem Weltschulverein gemeint ist, im ganzen internationalen Leben im rechten Sinne an! In diese Aufforderung möchte ich ausklingen lassen am heutigen Tage dasjenige, was in ganz anderer Weise aus unserem ganzen Kursus heraus zu der Menschheit gesprochen hat gerade durch diejenigen, die hier gewesen sind, und von denen wir die Hoffnung und den Wunsch haben, sie mögen es in die Welt hinaustragen. Der Weltschulverein, er kann die Antwort der Welt sein auf dasjenige, was wie eine Frage vor die Welt hingestellt wird, aber eine Frage, die aus den wirklichen Kräften des Menschenwerdens, das heißt, der Menschheitsgeschichte herausgegriffen ist. Also, was geschehen kann für den Weltschulverein nach jener Überzeugung, die Sie hier haben gewinnen können in den letzten drei Wochen, das geschehe! Darinnen klingt aus dasjenige, was ich auch heute noch habe sagen wollen.

## ZWEITER VORTRAG

Dornach, 22. Oktober 1920

Mit dem 15. Jahrhundert ist für die Entwickelung der zivilisierten Menschheit der nördlichen Halbkugel eine Zeit eingetreten, in welcher namentlich die Individualität des Menschen in vollem Ich-Bewußtsein immer mehr und mehr sich herausbilden soll. Diejenigen Kräfte, welche dieses individuelle Ich-Bewußtsein herausarbeiten, werden sich immer mehr und mehr verstärken, und alle Erscheinungen des Lebens, namentlich des Lebens im großen zunächst, gehen vor sich im Zeichen dieser Heranbildung der Individualität. Das heißt aber nichts anderes, als daß auch das, was von den geistigen Welten herkommt und in unsere physische Welt hineinspielt, einen solchen Verlauf nimmt, daß in der ganzen Menschheit als solcher das Menschlich-Individuelle zur Geltung komme. Denn nicht allein darum handelt es sich, daß die einzelnen Menschen in egoistischer Art daran denken können: wir werden Individualitäten –, sondern darum, daß die Gesamt-Menschheitsentwickelung einen solchen Verlauf nehmen soll, daß in diese Menschheitsentwickelung das Individuelle der Menschen hineinwirkt. Jedes Zeitalter, jede Epoche, die wir im Laufe der Menschheitsentwickelung verfolgen können, hat nun, je nachdem sie das eine oder das andere, wie jetzt eben die Individualität, entwickelt, diese oder jene besonderen Eigentümlichkeiten. Diese Eigentümlichkeiten werden aufgedrückt der Menschheitsentwickelung durch die Art, wie die geistigen Mächte hereinwirken in das physische Erdenleben der Menschheit. Aber gerade durch diese Abgeschlossenheit, die der einzelne Mensch darstellt jetzt, wo die Individualität herauskommen soll, wo das Ichbewußtsein sich voll entwickeln soll, wo die Bewußtseinsseele sich gewissermaßen konturieren, in sich zusammenschließen soll, werden die besonderen Eigentümlichkeiten dieser Epoche nicht so wie in früheren Epochen von der geistigen Welt heraus dirigiert, sondern es kommen da ganz besondere Dinge innerhalb der Menschheitsentwickelung zum Vorschein. Und der Mensch, der durch die Entwickelung seiner Individualität immer mehr und mehr zu seiner Freiheit erzogen wird, der muß immer mehr und mehr auch bewußt Stellung nehmen zu dem, was da herauskommt. Insbesondere handelt es sich darum, daß ein soziales Leben, aber von unserem Gesichtspunkte aus müssen wir sagen, tief innerlich begründet ein soziales Leben sich gestalten muß, trotzdem die dem sozialen Leben entgegengesetzten, starken egoistischen Kräfte der Bewußtseinsseele ja auch immer mehr und mehr herauskommen aus den Tiefen des Daseins. Auf der einen Seite sind die starken egoistischen Kräfte der Bewußtseinsseele da, auf der anderen Seite um so mehr die Notwendigkeit, auch bewußt ein soziales Leben zu begründen. Und bewußt muß man Stellung nehmen zu alledem, was fördern kann dieses soziale Zusammenleben. Wir haben schon im Laufe der Zeit von den verschiedensten Gesichtspunkten aus dargelegt, wie verschieden die ganze Stellung des westlichen Menschen, des Menschen der europäischen Mitte und des östlichen Menschen zu der ganzen Menschheitsentwickelung sich ausnimmt. Wir haben auf verschiedenes hingedeutet, das den östlichen Menschen heute eigen ist, das den Menschen der europäischen Mitte, das den westlichen Menschen eigen ist. Nun wollen wir auf eine Erscheinung hinweisen, welche uns äußerlich schon zeigen kann, wie diese Differenzierungen der Menschheit über die zivilisierte Welt hin sich ausleben.

Wir wissen, daß sich entwickelt hat unter dem Einflusse der modernen naturwissenschaftlichen Denkweise im sozialen Leben ein bestimmtes Lebensanschauungselement, das insbesondere stark zum Ausdruck kommt in den breiten Massen des Proletariats, das sich heraufentwickelt hat in unserem Maschinenzeitalter, in unserem intellektuellen Zeitalter. Ich habe alles das, was dabei für die soziale Frage in Betracht kommt, in dem ersten Teil meiner «Kernpunkte der sozialen Frage» dargestellt. Ich möchte heute nur hinweisen gerade auf die Differenzierung der Anschauung breiter Menschenmassen über die soziale Frage. Da haben wir deutlich differenziert die sozialen Anschauungen, sagen wir des Proletariats, die aber dann abfärben auf andere Kreise der Menschheitsbevölkerung; da haben wir deutlich abgetönt von den anderen Menschen die Lebensanschauung in den westlichen, namentlich in den angelsächsischen Ländern. In diesen Ländern hat sich ja auch herausgebildet unter dem Einfluß des modernen Maschinenzeitalters und der Industrie jene materialistische Lebensanschauung der breiten Masse, die hier öfter charakterisiert worden ist, neben dem Materialismus oder gerade hervorgerufen durch den Materialismus der anderen Klassen der Menschheit. Aber es hat sich diese sozialistische Lebensanschauung so ausgebildet, daß sie ganz unter dem Zeichen der wirtschaftlichen Kämpfe steht, da sie ganz durchsetzt ist von wirtschaftlichen Vorstellungen, wirtschaftlichen Gedanken, Wirtschaftskämpfen, die wenig durchdrungen sind von Lebensanschauungskämpfen. Das ist die Signatur dessen, was innerhalb der sozialistischen Welt des angelsächsischen Westens vor sich geht. Weil das Wirtschaftsleben der eigentliche Charakter, der bisherige Charakter des neuzeitlichen öffentlichen Lebens überhaupt war, so gingen die Impulse des Sozialismus auch aus diesen Lebensverhältnissen des Proletariats der angelsächsischen Bevölkerung hervor.

Was sich zum Beispiel jetzt an Impulsen äußert in der großen Streikbewegung, das ist bedeutsam gerade für die eigentliche Charakteristik desjenigen, was sich im Westen von diesen Seiten her gestaltet. Selbst wenn scheinbar beigelegt werden könnten die Diskrepanzen, die da bestehen, es wäre nur eine scheinbare Beilegung; es werden ganz bedeutsame Wirkungen gerade von dem ausgehen, was in diesen Kämpfen an tieferen Kräften spielt. Und wenn nach der ganzen Veranlagung des Westens nicht eigentliche Lebensauffassungen sich herausentwickeln aus diesen Impulsen, so können wir doch deutlich wahrnehmen, wie auch die Lebensanschauungen, die sich bilden und innerhalb der letzten Zeit sich gebildet haben, ihren Anstoß erhalten haben von dem, was da als Impulse vorhanden ist.

*Karl Marx* hat ja sogar, trotzdem er in Mitteleuropa geboren war, aus mitteleuropäischer Gedankenströmung hervorgegangen ist, nach England gehen müssen, um dasjenige aufzunehmen, was dort an Lebensimpulsen sich entwickelt hat. Aber er hat es zu einer Lebensanschauung umgestaltet. Es ist der Marxismus als Lebensanschauung weniger in den westlichen Gegenden selber zum äußeren Dasein gekommen; er ist zum äußeren Dasein gekommen als Lebensanschauung in der Mitte Europas. Da hat er in den Zielen der Sozialdemokratie ganz den Charakter der Lebensanschauung angenommen. Was im Westen wirtschaftliche Impulse sind, die zu wirtschaftlichen Kämpfen führen, wurde in juristisch-staatliche Vorstellungen gebannt, lebte in der Mitte Europas in der zweiten Hälfte des 19. Jahrhunderts und in das 20. Jahrhundert hinein als solche marxistische Lebensanschauung und ergriff die breite Masse der Menschheitsbevölkerung. Es lebte aber auch nach dem Osten hinüber, da, wo in Europa schon der Charakter des Östlichen beginnt. Und da lebte es sich wieder in einer anderen Form aus. Wirtschaftlich im Westen, staatlich-politisch in der Mitte; im Osten nimmt es deutlich einen religiösen Charakter an. Wenn nicht noch jene Fälschung vorhanden wäre, die vorhanden war sowohl bei der Überflutung des Ostens durch *Peter den Großen,* wie jetzt durch *Lenin* und *Trotzkij,* wenn nicht diese Fälschung vorhanden wäre, die dadurch entsteht, daß eben dasjenige, was da als Bolschewismus sich geltend macht, fremder Import ist, so würde man noch viel deutlicher sehen, daß in diesem Bolschewismus schon heute ein starkes religiöses Element steckt, das allerdings ganz materialistisch religiös ist, das aber mit den früheren religiösen Impulsen wirkt und weiter wirken wird mit diesen früheren religiösen Impulsen, und gerade darinnen sein Furchtbares zeigen wird durch ganz Asien hindurch, daß es mit dem Furor eines religiösen Impulses wirkt. Wirtschaftlich ist im Westen der soziale Impuls, staatlich-politisch in der Mitte Europas, mit einem religiösen Furor wirkt er schon von Rußland an und nach dem Osten hin, nach Asien hinüber. Gegenüber diesen Impulsen, die da durch die Entwickelung der Menschheit ziehen, ist vieles andere höchst unbedeutend. Und wer in solchen Dingen, wie es der jetzige englische Bergarbeiterstreik ist, nicht etwas in allerintensivstem Sinne symptomatisch Bedeutsames sieht, der versteht eben durchaus nicht das Wühlen tieferer Kräfte in unserer ganzen Zeitentwickelung.

Aber all das, was man so äußerlich schildern kann, hat seine tieferen Untergründe, und zuletzt seine tieferen Untergründe in der geistigen Welt. Es kann das neuere Menschheitsleben nur verstanden werden, wenn man diese Gliederung in ein westliches Wirtschaftliches, in ein Politisch-Staatlich-Juristisches in der Mitte Europas, und in ein religiöses Element im Osten versteht, in ein geistiges Element im Osten, das nur einen religiösen Charakter hat, das aber eigentlich das geistige

Moment ist, wie es sich da im dekadenten Osten ausleben kann. Das zeigt sich so stark, daß man sagen muß: Für den Westen ist es natürlich – und das erfolgt gründlich –, daß er alles dasjenige hat, was wirtschaftlich ist; für die Mitte kann bloßes wirtschaftliches Streben deshalb keinen Erfolg haben, weil in der Mitte jedes wirtschaftliche Streben einen staatlich-politischen Charakter annimmt; im Osten Europas ist der große äußere Mißerfolg dadurch entstanden, daß durch die Traditionen Peters des Großen dasjenige, was eigentlich aus einem geistig-religiösen Impuls heraus stammt, der Panslawismus, das Slawophilentum einen politischen, staatlichen Charakter angenommen hat. Hinter diesem staatlichen Charakter, der all das Entsetzliche hervorgetrieben hat, was sich im europäischen Osten entwickelt hat, hinter diesem staatlichen Charakter, der aufgeprägt hat allem östlichen Streben seine Signatur seit Peter dem Großen, hinter alledem steht im Grunde genommen doch immer die geistige Tendenz der Fortsetzung von Byzanz, eben geistige Byzanz-Religiosität und so weiter. Selbst die einzelnen Erscheinungen des geschichtlichen Lebens, sie werden nur verständlich, wenn man sie in diesem Lichte sehen kann. Man kann sagen: In einem gewissen Maße kann alles das, was noch in Europa liegt, auch gegen Westen hin, sogar nach Frankreich hinein, zur europäischen Mitte gerechnet werden, denn charakteristisch für den Westen ist eigentlich das Angelsachsentum. Und dieses Angelsachsentum geht durchaus seinen Instinkten nach mit den in der Menschheitsentwickelung naturgemäßen Impulsen der letzten drei bis vier Jahrhunderte und weiterhin. Diese Impulse führten dahin, daß gerade im Westen am besten sich entwickeln konnte alles das, was dem sozialen Leben aufgedrängt wurde durch die moderne naturwissenschaftliche Denkweise mit ihren Errungenschaften. Diese Denkweise mit ihren Errungenschaften, zusammen mit dem Charakter des Angelsachsentums, hat die Weltherrschaft dieses Angelsachsentums begründet. Alles, was aus der modernen Naturwissenschaft heraus an glänzendem Aufschwung des Verkehrswesens, des Handelswesens, des Industriewesens gekommen ist, all das, was zu den großen Kolonisationen geführt hat, ist entstanden eben durch den Zusammenfluß der naturwissenschaftlichen Denkweise mit dem Charakter des Angelsachsentums. Und das wurde tief in den Instinkten des Westens empfunden. Man kann geradezu auf einen Knotenpunkt der modernen geschichtlichen Entwickelung hinweisen: auf das Jahr 1651, als der geniale *Cromwell* mit der Navigationsakte diejenige Konfiguration im englischen Seewesen und im ganzen englischen Handelswesen hervorgerufen hat, welche alles das begründet hat im Westen, was dann später gekommen ist; und man kann darauf hinweisen, wie, man möchte sagen, aus äußerlich unerklärlichen Gründen heraus, gerade als der Stern *Napoleons* aufging, die französische Seeschiffahrt eben den größten Mangel litt. Dasjenige, was im Westen geschieht, geschieht eben aus den gerade in der Richtung der Menschheitsentwickelung liegenden Kräften. Es geschieht aus einer ganz wirtschaftlichen Denkweise heraus, aus wirtschaftlichen Vorstellungsimpulsen heraus. Daher muß ihm unterliegen all das, was von der Mitte kommt und nicht aus wirtschaftlichen, sondern aus juristisch-politisch-militärischen Gesichtspunkten heraus gedacht ist. Wir sehen geradezu als krasses Beispiel, wie aus politisch-militärischem Gesichtspunkt von dem europäischen Kontinent aus Napoleon etwas entgegenstellt dem, was aus der Navigationsakte des Cromwell hervorgegangen ist, in der Kontinentalsperre. Die Navigationsakte ist durchaus aus wirtschaftlichen Instinkten heraus gedacht und geschaffen. Die Kontinentalsperre Napoleons im Beginne des 19. Jahrhunderts ist ein politisch Gedachtes; aber ein politisch Gedachtes ist etwas, was hereinragt aus früheren Zeiten in die neuere Zeit, ist ein Antiquiertes, ist ein tatsächlicher Anachronismus. Daher kann auch dieses politisch Gedachte gegen das neuzeitlich Gedachte, aus der die Navigationsakte entspringt, nicht aufkommen. Dagegen haben im Westen, wo im Sinne der neueren Zeit wirtschaftlich gedacht wird, politische Dinge, auch wenn sie im ungünstigen Sinne als politische Dinge verlaufen, im Grunde genommen keine schädliche Wirkung.

Nehmen Sie einmal die Tatsache, daß, von Europa ausgehend, Frankreich in Nordamerika kolonisiert hat. Es hat diese Kolonien verloren an England. Die Kolonien machten sich wieder frei. Das erste, das französische Kolonisieren im 18. Jahrhundert, war eine politische Tätigkeit; sie trug keine Früchte. Das englische Kolonisieren in Nordamerika war ganz aus wirtschaftlichen Impulsen heraus. Das Politische konnte wiederum zugrunde gehen. Nordamerika machte sich frei. Ein politischer Zusammenhang existierte fortan nicht. Dem wirtschaftlichen Zusammenhang wurde kein Schaden getan.

So gliedern sich in der menschlichen Entwickelung die Dinge zusammen. Und wir können durchaus sagen: Auch in der Geschichte zeigt sich, daß wenn zwei dasselbe tun, es nicht dasselbe ist. Als Cromwell zur rechten Zeit aus wirtschaftlichen Impulsen heraus seine ja für die anderen Mächte außerordentlich tyrannische, man kann sagen, brutale Navigationsakte geschaffen hat, da war aber diese Navigationsakte aus wirtschaftlichem Denken entsprungen. Als *Tirpitz* innerhalb der neueren Entwickelung die deutsche Schiffahrt, die deutsche Marine schuf, da war das politisch gedacht, rein politisch, ohne jeden wirtschaftlichen Impuls, ja gegen alle wirtschaftlichen Instinkte. Heute ist das von der Erdoberfläche hinweggefegt, weil es gegen den Lauf der Menschheitsentwickelung gedacht und geplant war. Und so könnte man in bezug auf alle einzelnen Erscheinungen zeigen, wie, man möchte sagen, diese historische Dreigliederung da ist: im Osten, aber heute in der Dekadenz, etwas, was auf alte Zeiten der östlichen Entwickelung zurückweist, und was einen geistigen Charakter hat; in der Mitte etwas, was aber heute auch schon antiquiert ist, was immer mehr oder weniger annimmt die Form des Politisch-Juristisch-Militärischen, des Staatlichen; im Westen ist der Staat nur immer Dekoration, das Politische hat gar keine Bedeutung, keine wirkliche Bedeutung; da präponderiert das wirtschaftliche Denken. Während Deutschland daran zugrunde gegangen ist, daß sein Staat die Wirtschaft aufgesogen hat, daß die Industriellen, die Kommerziellen untertauchten und sich duckten unter die Macht des Staates, sehen wir, wie im Westen der Staat aufgesogen wird von dem Wirtschaftsleben, und alles überflutet ist von dem Wirtschaftsleben. Das ist äußerlich angesehen die Differenzierung über die heutige zivilisierte Welt hin. Aber das, was man so äußerlich ansehen kann, das ist schließlich im Grunde nur an die äußere Oberfläche getragen aus den Untergründen der geistigen Welt heraus. Es ist alles in der geistigen Entwickelung der neueren Zeit daraufhin angelegt, die Individualität emporzubringen, die Individualität im Westen nach westlicher Art, nach wirtschaftlicher Art;

die Individualität in der Mitte nach der heute schon antiquierten staatlich-politisch-militärischen Art; die Individualität des Ostens nach antiquierter Art, nach der alten Geistigkeit, vollständig in der Dekadenz. Das muß von der geistigen Welt getragen werden. Und es wird dadurch getragen, daß sowohl im Westen wie im Osten – wollen wir zunächst von diesen zwei Gebieten reden – eine eigentümliche, tief bedeutsame Erscheinung auftritt. Es ist diese, daß außerordentlich viele Menschen, wenigstens verhältnismäßig viele Menschen geboren werden, die nicht den regelmäßigen Gang der Wiederverkörperung zeigen.

Sehen Sie, deshalb ist es ja so schwierig, über ein solches Problem wie die Wiederverkörperung zu sprechen, weil man nicht in einem heute beliebten abstrakten Sinne von ihr sprechen kann, weil ein solches Problem zwar auf etwas hinweist, was eine bedeutsamste Realität in der Menschheitsentwickelung ist, was aber Ausnahmen erlaubt, und wir sehen sowohl im Osten wie im Westen – von der Mitte werden wir noch zu reden haben in diesen Tagen –, daß heute Menschen geboren werden, denen wir nicht so gegenübertreten können, daß wir sagen können: In ganz regelmäßiger Weise lebt in diesen Menschen eine Individualität, die da war in einem früheren Leben und wieder in einem früheren Leben, die da sein wird in einem späteren Leben und wieder in einem späteren Leben. – Diese Wiederverkörperungen sind zwar der regelmäßige Gang der Menschheitsentwickelung, aber sie erleiden eben Ausnahmen. Dasjenige, was uns als Mensch in Menschenform entgegentritt, muß nicht immer das sein, was der äußere Schein zeigt. Der äußere Schein kann eben Schein sein. Es können uns Menschen in Menschenform entgegentreten, die eigentlich nur dem äußeren Scheine nach solche Menschen sind, die immer wiederkommenden Erdenleben unterliegen; in Wahrheit sind das Menschenkörper mit physischem, ätherischem, astralischem Leib, aber in diesen verkörpern sich andere Wesenheiten, Wesenheiten, die sich dieser Menschen bedienen, um durch sie zu wirken. Es ist in der Tat so, daß zum Beispiel im Westen es wirklich eine große Anzahl solcher Menschen gibt, welche im Grunde genommen nicht einfach wiederverkörperte Menschen sind, sondern welche die Träger sind von Wesenheiten, die einen ausgesprochen verfrühten Entwickelungsgang zeigen, die eigentlich erst in einem späteren Entwickelungsstadium in der Menschheitsform auftreten sollten. Diese Wesenheiten benützen nun nicht den ganzen menschlichen Organismus, sondern sie benützen vorzugsweise von diesen westlichen Menschen das Stoffwechselsystem. Von den drei Gliedern der menschlichen Natur benützen sie das Stoffwechselsystem so, daß sie hereinwirken durch diese Menschen hindurch in diese physische Welt. Solche Menschen zeigen auch äußerlich schon für denjenigen, der das Leben richtig betrachten kann, daß es so mit ihnen steht. So sind zum Beispiel eine große Anzahl derjenigen Menschen, welche angelsächsischen Geheimgesellschaften angehören – die Rolle solcher Geheimgesellschaften haben wir ja in den letzten Jahren wiederholt besprochen –, so sind diese Angehörigen solcher Geheimgesellschaften, die einflußreich sind, eigentlich Träger solcher verfrühter Existenzen, die durch das Stoffwechselsystem gewisser Menschen hereinwirken in die Welt und sich ein Arbeitsfeld suchen durch die Leiber der Menschen, die nicht in regelmäßigen Wiederverkörperungen leben. Ebenso sind die tonangebenden Persönlichkeiten gewisser Sekten von solcher Art, und namentlich ist die überwiegende Zahl einer sehr verbreiteten Sekte, die großen Anhang hat im Westen, aus Menschen von dieser Art bestehend. Auf diese Weise wirkt, ich möchte sagen, eine ganz andere Geistigkeit herein in die gegenwärtigen Menschen. Und es wird eine wesentliche Aufgabe sein, Stellung nehmen zu können zum Leben von diesen Gesichtspunkten aus. Nicht sollte man in abstrakter Weise glauben, daß ausnahmslos die Menschen überall den wiederholten Erdenleben unterliegen. Das hieße dem äußeren Schein eben nicht den Charakter eines Scheins zusprechen. Auf die Wahrheit gehen, heißt, selbst in solchen Fällen noch die Wahrheit, die Wirklichkeit suchen, wo der äußere Schein so trügt, daß Wesenheiten von anderer Art, als der Mensch der Gegenwart es ist, sich in Menschengestalt verkörpern, in einem Teil vom Menschen, namentlich durch das Stoffwechselsystem; aber sie wirken dann auch im Rumpfsystem, im rhythmischen System und im Nerven-Sinnessystem. Es sind namentlich dreierlei Wesenheiten von dieser Art, die sich so durch das Stoffwechselsystem verschiedener Menschen des Westens verkörpern.

Die erste Art sind solche Geister, welche eine besondere Anziehungskraft haben zu dem, was gewissermaßen die elementarischen Kräfte der Erde sind, die einen Hang, eine Affektion haben zu den elementaren Kräften der Erde, die also aufspüren können: Wie ist da eine Kolonisation zu betreiben nach den Naturverhältnissen des Klimas und den sonstigen Verhältnissen der Erde, oder wie ist dort eine Handelsverbindung anzuknüpfen und so weiter.

Eine zweite Art von diesen Geistern sind diejenigen, welche sich namentlich zur Aufgabe setzen, innerhalb des Gebietes, auf dem sie wirken, das Selbstbewußtsein zurückzudrängen, das volle Bewußtsein der Bewußtseinsseele nicht herauskommen zu lassen und dadurch auch in der Umgebung bei den anderen Menschen, unter denen sich epidemisch so etwas ausbreitet, eine gewisse Sucht hervorzurufen, nicht sich über die wahren Motive ihrer Handlungen Rechenschaft zu geben. Man könnte sagen, solch ein durch und durch unwahrer Bericht oder solch ein durch und durch unwahres Dokument wie dasjenige der Oxforder Professoren, das in den letzten Tagen an die Öffentlichkeit getreten ist, solch ein durch und durch, ich möchte sagen, töricht verlogenes Dokument, das möchte man zur Schülerschaft dieses unwahren Elementes rechnen, das nicht auf die eigentlichen Impulse gehen will, sondern oben über diese Impulse eine Sauce darüber macht und schöne Worte prägt, während darunter im Grunde genommen nichts ist als unwahre Impulse. Dadurch behaupte ich nicht, daß diese an sich vielleicht ganz braven Oxforder Professoren – ich mute ihnen nicht großartige ahrimanische Impulse zu –, daß diese Professoren selbst Träger solcher verfrühten Wesen sind; aber die Schülerhaftigkeit gegenüber solchen Wesen liegt in ihnen. Also diese letzteren Wesen, die inkarnieren sich namentlich durch das rhythmische System gewisser Menschen im Westen.

Die dritte Gattung von Wesen, die da wirkt im Westen, das ist diejenige, welche sich zur Aufgabe macht, vergessen zu machen im Menschen, was seine individuellen Fähigkeiten sind – diejenigen Fähigkeiten, die wir aus den geistigen Welten mitbringen, wenn wir durch die Empfängnis und die Geburt ins physische Dasein schreiten – und den Menschen gewissermaßen mehr oder weniger zur Schablone seiner Nationalität zu machen. Das stellt sich diese dritte Art von Wesen zur besonderen Aufgabe: nicht den Menschen zur individuellen Geistigkeit kommen zu lassen.

Während also die erste Art von Wesen Affektionen hat zum Elementaren des Erdbodens, des Klimas und so weiter, hat die zweite Art von Wesen besondere Neigung, ein gewisses oberflächliches, unwahres Element zu züchten, und die dritte Art von Wesen, die individuellen Fähigkeiten auszurotten und die Menschen mehr oder weniger zur Schablone, zum Abdruck ihrer Nationalität, ihrer Rasse zu machen. Diese letztere Art von Wesen inkarniert sich im Westen namentlich durch das Hauptessystem, durch das Nerven-Sinnessystem. Da haben wir dasjenige, was wir äußerlich betrachtet haben von verschiedenen Seiten her als Charakteristikum gerade der westlichen Menschenwelt, da haben wir es dadurch charakterisiert, daß wir, ich möchte sagen, kennenlernen eine größere Anzahl von Menschen, die in Geheimgesellschaften, in Sekten und ähnlichem eingestreut sind, deren Menschheit aber darinnen besteht, daß bei ihnen nicht einfach Wiederverkörperungen vorliegen, sondern daß eine Art von Verkörperung vorliegt von Wesenheiten, die verfrüht sind in ihrer Entwickelung auf der Erde hier, die daher besondere Schülerschaften erzeugen, respektive epidemisch ihre besonderen Eigentümlichkeiten auf die anderen Menschen ausstrahlen. Diese drei verschiedenen Wesen wirken durchaus durch Menschen, und wir verstehen Menschencharaktere nur, wenn wir das, was ich jetzt gesagt habe, wissen, wenn man weiß: Dasjenige, was im öffentlichen Leben lebt, läßt sich nicht bloß so, wie es der Philister will, erklären, sondern es muß erklärt werden durch das Hereinragen solcher geistiger Kräfte.

Daß gerade diese drei Arten von Kräften, von Wesen auf dieser besonderen Entwickelungsstufe da im Westen durch Menschen zum Vorschein kommen, das wird begünstigt eben dadurch, daß diesem Westen auferlegt ist, die ganz besondere wirtschaftliche Denkweise zu entwickeln. Ich möchte sagen, das Wirtschaftsleben ist der Grund und Boden, aus dem so etwas aufschießen kann. Und was stellen sich eigentlich im großen und ganzen, in Totalität diese Wesenheiten für eine Aufgabe?

Sie stellen sich die Aufgabe, das ganze Leben als bloßes Wirtschaftsleben zu erhalten, auszurotten allmählich alles andere, was von geistigem Leben da ist, das ja gerade da, wo es am regsten ist, in die Abstraktheit des Puritanismus zusammengeschrumpft ist, auszurotten das geistige Leben, allmählich zu verstumpfen das politisch-staatliche Leben und alles aufzusaugen durch das Wirtschaftsleben. Im Westen sind diese Menschen, die in einer solchen Weise in die Welt treten, die eigentlichen Feinde und Gegner des Dreigliederungsimpulses. Die erste Art von Wesen läßt nicht heraufkommen ein solches Wirtschaftsleben, das sich als ein selbständiges hinstellt neben das staatlich-rechtliche und neben das geistige Glied des sozialen Organismus. Die zweite Art von Wesen, die sich vorzugsweise die Oberflächlichkeit, das Phrasentum, die Lügenhaftigkeit zur Aufgabe macht, die will nicht aufkommen lassen neben dem Wirtschaftsleben ein selbständiges demokratisches Staatsleben. Und die dritte Art von Wesenheiten, welche die individuellen Fähigkeiten unterdrückt, welche nicht will, daß der Mensch etwas anderes ist als eine Art Schablone seiner Rasse, seiner Nationalität, die arbeitet entgegen der Emanzipation des Geisteslebens, der selbständigen Stellung des Geisteslebens.

So sind da solche Mächte, welche in dieser Weise im Westen entgegenarbeiten dem Impuls des dreigliedrigen sozialen Organismus. Und derjenige, der in tieferem Sinne arbeiten will für die Ausbreitung dieses Impulses der Dreigliederung, der muß sich klar sein darüber, daß er nicht anders kann, als auch zu rechnen mit solchen geistigen Faktoren, die in der Menschheitsentwickelung vorhanden sind. Es stehen ja denjenigen Mächten, an die man appellieren muß, wenn man irgend etwas in die Menschheitsentwickelung einführen will, nicht bloß solche Dinge gegenüber, die der steife Philister bemerkt, sondern es stehen ihnen Dinge gegenüber, die sich nur einer Geist-Erkenntnis erschließen. Was hilft es denn, daß in der Gegenwart die Menschen das als einen Aberglauben betrachten und nicht davon hören mögen, wenn gesprochen wird von solchen durch die Menschen hereinragenden geistigen Wesenheiten? Sie sind ja doch da, diese geistigen Wesenheiten! Und wer nicht mit nur schlafender Seele das Leben verfolgen will, sondern mit wacher Seele, der kann überall die Wirkungen dieser Wesenheiten schauen. Wollte man nur aus dem Vorhandensein der Wirkungen sich ein wenig überzeugen lassen von dem Dasein der Ursachen! Das ist zunächst die Charakteristik nach dem Westen hin. Der Westen gestaltet sich so, weil er eben ganz in der allerelementarsten Äußerungsform der gegenwärtigen Epoche lebt, in dem wirtschaftlichen Vorstellen, dem wirtschaftlichen Denken.

Der Osten hatte einstmals ein grandioses Geistesleben. Alle Geistigkeit, mit Ausnahme dessen, was angestrebt wird in der Anthroposophie und was neu sich gestalten will, alle Geistigkeit der zivilisierten Welt ist ja im Grunde genommen Erbstück des Ostens. Aber die eigentliche Glorie dieses religiös-geistigen Lebens war im Osten eben in sehr alten Zeiten vorhanden. Und heute ist gerade der östliche Mensch bis herein nach Rußland in einem merkwürdigen Zwiespalt, weil er auf der einen Seite noch aus seinem Erbe heraus in dem alten spirituellen Elemente lebt, und weil auf der anderen Seite auch auf ihn wirkt dasjenige, was aus der gegenwärtigen Epoche der Menschheitsentwickelung kommt, das Trainieren zur Individualität hin. Das bedingt, daß im Osten eine starke Dekadenz der Menschheit ist, daß gewissermaßen der Mensch nicht Vollmensch werden kann, daß ihm noch im Nacken sitzt, diesem östlichen Menschen bis herein nach Rußland, was geistiges Erbe uralter Zeiten ist. Und das bedingt, daß dieser östliche Mensch heute dann, wenn sein Bewußtsein herabgestimmt ist, wenn er im Schlaf- oder Traumzustand ist, oder in irgendeinen da im Osten so unendlich häufigen medialen Zustand kommt, daß er dann zwar nicht imprägniert wird, wie im Westen, mit einer ganz anderen Wesenheit, daß aber diese Wesenheit hereinwirkt in sein Seelisches, daß ihm gewissermaßen diese anderen Wesenheiten erscheinen. Während es im Westen verfrühte Wesenheiten von drei Gattungen sind, die ich aufgezählt habe, die da wirken, sind es im Osten verspätete Wesenheiten, die ihre Vollkommenheit früher gehabt haben, die zurückgeblieben sind, und die jetzt den Menschen des Ostens in medialem Zustande, im Traume erscheinen, oder auch über sie kommen ohne Traum, ohne medialen Einfluß, einfach dadurch, daß sie in den Schlaf hineinkommen, und der Mensch dann im wachen Zustande die Inspiration solcher Wesenheiten in sich trägt, also gewissermaßen bei Tag von den Nachwirkungen solcher Wesenheiten, die über ihn in der Nacht kommen, inspiriert ist.

Und wiederum sind es dreierlei Arten von Wesenheiten, die da im Osten wirken, und die wiederum einen starken Einfluß haben. Während man im Westen direkt auf einzelne Menschen zeigen muß, durch welche sich diese Wesen inkarnieren, muß man im Osten hinweisen auf eine Art von Hierarchie, die den verschiedensten Menschen erscheinen kann. Wiederum dreierlei Wesenheiten, aber es sind keine Wesenheiten, die durch die Menschen sich inkarnieren, sondern es sind Wesenheiten, die dem Menschen erscheinen, die den Menschen auch inspirieren vom Nachtschlaf aus.

Die erste Art dieser Wesenheiten ist die, welche den Menschen hindert, vollen Besitz zu nehmen von seinem physischen Leib, die den Menschen hindert, sich zu verbinden mit dem Wirtschaftlichen, mit den öffentlichen Verhältnissen der Gegenwart überhaupt. Das sind die Wesenheiten, welche zurückhalten wollen im Osten das wirtschaftliche Leben, so wie man es im dreigliedrigen sozialen Organismus braucht.

Die zweite Art von Wesenheiten sind diejenigen, welche ein bereits überindividuelles Wesen hervorbringen, eine Art von – wenn ich das paradoxe Wort gebrauchen darf – unegoistischem Egoismus, der um so raffinierter ist, wie er ja insbesondere bei den Menschen des Ostens so sehr häufig angetroffen wird, die alles mögliche Selbstlose sich von sich selber einbilden, welche Selbstlosigkeit aber gerade eine besonders raffinierte Selbstsucht, ein besonders raffinierter Egoismus ist. Sie wollen ganz gut sein, sie wollen so gut sein, als man nur sein kann. Das ist auch ein egoistisches Gefühl. Das ist etwas, was durchaus eben mit dem Paradoxon bezeichnet werden kann: ein unegoistischer Egoismus, ein aus der eingebildeten Selbstlosigkeit hervorgetriebener Egoismus.

Die dritte Art von Wesenheiten, welche auf die geschilderte Weise den Menschen des Ostens erscheinen, das sind diejenigen Wesen, welche das geistige Leben abhalten von der Erde, welche gewissermaßen eine dumpfe mystische Atmosphäre unter den Menschen ausbreiten, wie sie im Osten in der heutigen Zeit besonders gefunden werden kann. Wiederum sind diese drei Gattungen von Wesenheiten, die aber jetzt aus der geistigen Welt herunterwirken, sich nicht in Menschen inkarnieren, die Feinde des dreigliedrigen sozialen Organismus. So daß der

Dreigliederungsimpuls eingeschnürt wird von geistiger Seite vom Osten her, von menschlicher Seite auf die geschilderte Weise vom Westen her. Da sehen wir also dasjenige, was der Differenzierung zugrunde liegt von geistigen Untergründen her.

Wir werden dazu noch hinzuzufügen haben dasjenige, was von der europäischen Mitte aus als feindlich der Dreigliederung zugrunde liegt, damit wir allmählich auch vom geistigen Gesichtspunkte aus eine Vorstellung darüber gewinnen, wie man sich ausrüsten muß, damit die Dreigliederungsidee den widerstrebenden Mächten – ob diese nun von der geistigen Welt, wie im Osten, ob sie von Menschen, wie im Westen, oder auf noch andere Art, wie ich es morgen schildern werde, von der Mitte Europas ausgehen – wirklich einen Impuls entgegenbringen kann, der so notwendig wie nur irgend etwas für die Menschheitsentwickelung ist. Wie man sich diesen Dingen gegenüber zu verhalten hat, darüber muß man mit Gedanken ausgerüstet sein.

## DRITTER VORTRAG

Dornach, 23. Oktober 1920

Ich habe gestern wiederum von einem anderen Gesichtspunkte aus, als dies schon durch längere Zeiten hindurch geschehen ist, auf die Differenzierung aufmerksam gemacht, die unter den Völkern der gegenwärtigen zivilisierten Welt besteht. Ich habe darauf hingewiesen, wie die Individualisierung des Menschen im fünften nachatlantischen Zeitraum von den geistigen Welten her gelenkt wird, wie eingreifen auf der einen Seite im Westen durch die Menschen selber gewisse Wesenheiten, welche in einer unregelmäßigen Weise vorgerückt sind, welche weiter sind als die Menschheit, aber aus gewissen Interessen heraus sich in Menschen verkörpern, um den wahren Impulsen der Gegenwart entgegenzuwirken, den Impulsen der Dreigliederung des sozialen Organismus.

Ich habe auch darauf aufmerksam gemacht, wie in anderer Art im Osten sich die Tatsache geltend macht, daß zwar nicht durch die Menschen selber, wohl aber durch ihr Erscheinen gegenüber den Menschen sich gewisse Wesenheiten geltend machen, Wesenheiten, die ihre eigentliche Bedeutung in ferner Vergangenheit hatten, die aber jetzt ins Menschenleben hereinwirken wollen; wie diese durch die besondere Seelenverfassung der im Orient Lebenden auf diese Menschen wirken, sei es mehr oder weniger bewußt, indem sie als Imagination hereinwirken in das Bewußtsein einiger Menschen des Ostens, sei es, daß sie während des Schlafes hineinwirken in das menschliche Ich, in den astralischen Leib und sich dann geltend machen, ohne daß die Menschen es wissen, in den Nachwirkungen während des Wachens und auf diese Weise alles das hereintragen, was sich gegen einen regelmäßigen Fortschritt der Menschheit im Osten auftürmen will. So daß wir sagen können: Im Westen hat sich seit langem vorbereitet in einer gewissen Weise eine Art Erdgebundenheit bei solchen Menschen, wie ich sie gestern geschildert habe, die da eingestreut sind, die insbesondere in Sekten Führerstellungen einnehmen, die auch in Geheimgesellschaften Führerstellungen einnehmen und dergleichen. Im Osten finden sich auch gewisse führende Persönlichkeiten, welche eben unter dem Eindrucke solcher durch Imagination erscheinenden Wesen der Vorzeit dasjenige ausüben, was sie eben in die gegenwärtige Kulturentwickelung hereinbringen. Wenn man verstehen will, wie die Menschen der europäischen Mitte zwischen dem Westen und dem Osten gewissermaßen eingekeilt sind, so muß man genauer hinschauen gerade auf die geistigen Bedingungen, die da zugrunde liegen, und auf alles das, was sich ausspricht in der physisch-sinnlichen Welt aus diesen geistigen Bedingungen heraus.

Ich habe Sie ja eben von den verschiedensten Gesichtspunkten aus darauf aufmerksam gemacht, wie in der Hauptsache das Leben des uralten Orients ein Geistesleben war, wie der Mensch des uralten Orients ein hochentwickeltes Geistesleben hatte, ein Geistesleben, das aus unmittelbarer Anschauung der geistigen Welten herausströmte; wie dann dieses Geistesleben eigentlich als Erbstück weiter fortlebte, wie es im Griechentum als schöne Künstlerschaft zunächst vorhanden war, aber auch noch als eine gewisse Einsicht; wie aber auch schon im Griechentum sich hineinmischte dasjenige, was dann der Aristotelismus war, was bereits verstandesmäßiges, dialektisches Denken war. Aber es drang dann das, was von orientalischer Weisheit kam, eben in die Zivilisation des Abendlandes hinein, und mit Ausnahme dessen, was aus der Naturwissenschaft stammt, und was stammen kann aus der modernen anthroposophisch orientierten Geisteswissenschaft, ist im Grunde genommen alles, was in der abendländischen Zivilisation an Geistesleben vorhanden ist, altes orientalisches Erbgut. Aber dieses Geistesleben ist eben durchaus dekadent. Dieses Geistesleben ist so, daß ihm die eigentliche Tragkraft fehlt, daß der Mensch zwar noch eine gewisse Hinlenkung zur geistigen Welt hat, aber dies, was er von der geistigen Welt glaubt, nicht mehr verbinden kann mit dem, was hier in der physischen Welt geschieht.

Es zeigt sich das am stärksten, wenn im angelsächsischen Puritanertum ein, ich möchte sagen, ganz weltfremdes, neben dem weltlichen Treiben einhergehendes weltfremdes Glauben Platz gegriffen hat, das nach ganz abstrakten geistigen Regionen hinzielt, das im Grunde genommen gar nicht sich die Mühe gibt, sich auseinanderzusetzen mit der äußeren physisch-sinnlichen Welt.

Im Orient nehmen selbst ganz weltliche Bestrebungen, Bestrebungen des sozialen Lebens, einen so geistigen Charakter an, daß sie sich wie religiöse Bewegungen ausnehmen. Und im Osten ist zum Beispiel die Tragkraft des Bolschewismus darauf zurückzuführen, daß er eigentlich von den Menschen des Ostens, schon vom russischen Volke, wie eine Religionsbewegung aufgefaßt wird. Nicht so sehr auf den abstrakten Vorstellungen des Marxismus beruht die Tragkraft dieser sozialen Bewegung des Ostens, sondern sie beruht im wesentlichen darauf, daß die Träger wie neue Heilande angesehen werden, gewissermaßen wie die Fortsetzer früheren religiös-geistigen Strebens und Lebens.

Aus dem Römertum heraus, auch schon aus späterem Griechentum heraus hat sich dann, wie wir wissen, dasjenige entwickelt, was die Menschen der Mitte am allermeisten ergriffen hat, das dialektische Element, das Element des juristischen, des politischen, des militärischen Denkens.

Und welche Rolle das dann später spielte, was da aus dem Römertum heraus sich entwickelte, das kann man nur verstehen, wenn man zunächst bedenkt, daß alle drei Zweige des menschlichen Erlebens, das geistige Erleben, das wirtschaftliche Erleben, das staatlich-politische Erleben in den Zeiten, in denen das Römertum sich zu besonderem Glanze entwickelte, in denen das römische Kaisertum aufkam, in einer ähnlichen Weise verknäuelt waren, durcheinanderstrebten, wie das im Grunde über die ganze zivilisierte Welt hin in der gegenwärtigen Zeit der Fall ist. Das Römertum lief durchaus in eine Dekadenz aus, welche im wesentlichen dadurch bedingt war, daß im römischen Weltreiche die Unmöglichkeit wirkte, die immer daraus hervorgeht, daß die drei menschlichen Betätigungen – Geistesleben, Staatsleben, Wirtschaftsleben – chaotisch ineinandergreifen. Man kann ja wirklich sagen, das römische und insbesondere das byzantinische Kaisertum ist eine Art Symbolum gewesen für den Verfall der vierten nachatlantischen Zeit, der griechisch-lateinischen Zeit. Man braucht ja nur zu bedenken, daß von einhundertsieben oströmischen Kaisern bloß vierunddreißig in ihrem Bette gestorben sind. Von einhundertsieben Kaisern sind bloß vierunddreißig in ihrem Bette gestorben! Die anderen sind entweder vergiftet oder verstümmelt worden und im Kerker gestorben, sind aus dem Kerker ins Mönchsleben übergegangen und dergleichen. Und aus dem, was da im Süden Europas (siehe Zeichnung) als die romanische Welt ihrem Niedergange entgegenging, aus dem entwickelte sich dasjenige heraus, was dann, ich möchte sagen, in drei Ästen nach Norden heraufströmte.

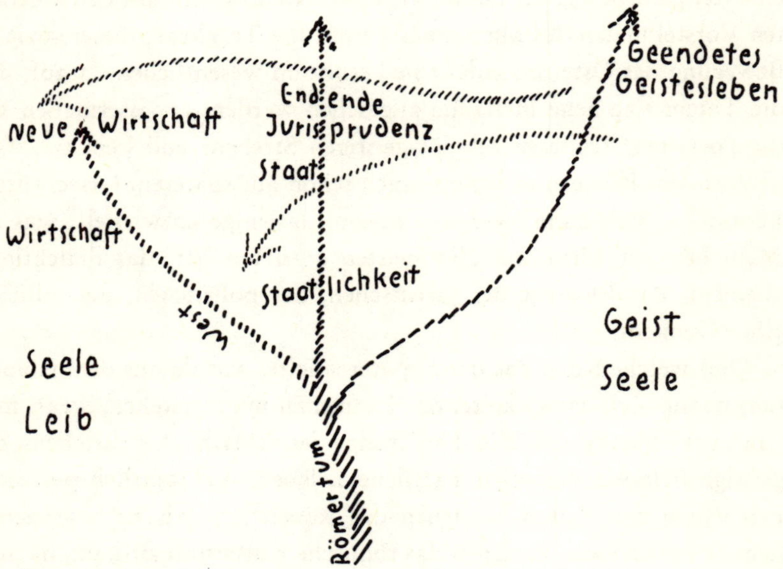


Da haben wir zunächst den westlichsten Ast. Ich will heute nicht darauf eingehen, was sich in geschichtlichen Einzelheiten entwickelte durch das hindurch, was als das Mittelalter aus der alten Menschheitsentwickelung hervorging; aber ich will auf einiges aufmerksam machen. Die charakteristische Erscheinung der westlichen, zunächst der mehr südwärts gelegenen westlichen Entwickelung ist ja diese, daß das Römertum, ich möchte sagen, auch als eine Summe von Menschen zunächst sich ausdehnt nach Spanien, über das heutige Frankreich, auch über einen Teil von Britannien hin. Römische Menschen waren es, die da hinein sich entwickelten. Aber alles das wurde durchsetzt von dem, was als germanische Stämme der verschiedensten Art durch die Völkerwanderung gerade in diese Bevölkerungen von römischen Menschen hineindrang.

Und eine eigentümliche Erscheinung finden wir da. Die Erscheinung finden wir, daß germanische Menschen in das Römertum sich hineinzwängen, in das Römertum sich hineinstoßen, und daß da etwas entsteht, was nur so charakterisiert werden kann, daß man sagt: Es war Menschenwesen germanischer Art eingedrungen in das Römertum; das Römertum als solches ging im Grunde genommen als Menschenwesen unter; was aber erhalten blieb von dem Römertum, also dasjenige, was, ich möchte sagen, durch diese Kreuzung (siehe Zeichnung S. 50) der beiden Linien hier sich bildete, was sich da bildete als spanische Bevölkerung, als französische Bevölkerung, zum Teil auch als britannische Bevölkerung, das ist im wesentlichen germanisches Blut, übertönt von dem romanischen Sprachelemente. Nicht anders kann in Wirklichkeit verstanden werden, um was es sich da handelt, als wenn man es so anschaut. Dieses Menschenwesen ist durchaus seiner Seelenkonfiguration nach, seiner Empfindungs-, Gefühls- und Willensrichtung nach hervorgegangen aus dem, was sich als germanisches Element im Strom der Völkerwanderung vom Osten nach dem Westen bewegt hat. Aber es ist eine Eigentümlichkeit dieses germanischen Elementes, daß, wenn es zusammenstößt mit einem fremden Sprachelemente – und in der Sprache ist immer eine Kultur, möchte ich sagen, verkörpert –, es in diesem fremden Sprachelemente aufgeht, diese Sprache annimmt. Es wächst hinein in diese fremde Sprache, ich möchte sagen, wie in ein Zivilisationskleid. Was im Westen von Europa lebt als lateinische Rasse, das hat im Grunde genommen nichts von lateinischem Blute in sich. Das ist aber hineingewachsen in dasjenige, was da heraufgeströmt ist, verkörpert durch die Sprache. Denn es lag im Wesen des lateinischen, des römischen Elementes, sich selber über das Menschentum hinaus im Weltenentwickelungsgang zu behaupten. Deshalb ist ja in Rom zuerst das Testament aufgekommen, die Behauptung des Egoismus über den Tod hinaus. Daß der Wille über den Tod hinausreiche, das hat dazu geführt, den Gedanken des Testamentes zu fassen. So auch wirkte der Bestand der Sprache über den Bestand des Menschlichen im Volkstum hinaus.

Und anderes als die Sprache wurde erhalten. So wurden erhalten für diesen Westen auf dieser Strömung hier (siehe Zeichnung S. 50) die alten

Traditionen der verschiedenen Geheimgesellschaften, von deren Bedeutung ich Ihnen ja im Laufe der letzten Jahre Mannigfaltiges erzählt habe, durchaus Traditionen, die aus der vierten nachatlantischen Zeit, aus der griechisch-lateinischen Zeit stammen, die allerdings Entlehnungen sind aus dem Orient – namentlich aber aus Handschriften –, die aber durchaus durch das Römertum, durch das Lateinertum durchgegangen sind. So daß man in einer gewissen Beziehung in dem westlichen Menschentum, insofern es untergetaucht ist in dem römischen Sprachelemente, das sich über das Volkstum hinaus erhalten hat, den Menschen in einem fremden Zivilisationskleide hat. Man hat auch den Menschen in einem fremden Kleide, indem man in den alten Mysterienwahrheiten, die schon abstrakt geworden sind, die namentlich in den Zeremonien und in dem Kultus der westlichen Gesellschaften mehr oder weniger leere Formeln geworden sind, etwas hat, worin das Menschentum untergetaucht ist und worin es als in etwas lebt, wovon es ergriffen werden kann.

Sind nun andere Verhältnisse besonders günstig, dann bietet gerade dieses, ich möchte sagen, mehr von außen Durchdrungenwerden des Menschen mit alledem, was aus der Sprache herauskommt, einen Anhaltspunkt dafür, daß sich solche Wesen, wie ich es gestern geschildert habe, in diesen Menschen verkörpern können. Aber besonders günstig ist für dieses Verkörpern gerade das angelsächsische Element aus dem Grunde, weil da auch durchaus germanisches Menschenwesen nach dem Westen hinübergekommen ist, weil sich stark das germanische Menschenwesen erhalten hat, und in einem geringeren Maße als das eigentlich lateinische Element sich durchdrungen hat mit dem römischen Elemente. So daß da ein viel labileres Gleichgewicht in der angelsächsischen Rasse vorhanden ist, und durch dieses labilere Gleichgewicht jene Wesen, die sich da verkörpern, eine viel größere Willkür des Wirkens, einen viel größeren Spielraum haben. In eigentlich romanischen Ländern würden sie außerordentlich gebunden sein. Vor allen Dingen aber muß man sich klar sein darüber, daß von solchen volkspsychologischen Konfigurationen dasjenige abhängt, was sich dann in einzelnen Persönlichkeiten äußern kann. Durch dieses freiere Element im Angelsachsentum ist es möglich geworden, daß, während allerdings das Puritanertum eine abstrakte Glaubenssphäre darstellt, dieses angelsächsische Element im höchsten Grade geeignet war, das naturwissenschaftliche Denken auch als Welt- und Lebensanschauung aufzunehmen und auszugestalten. Es wird allerdings nicht das volle Menschentum ergriffen, aber es wird gerade derjenige Teil des Menschenwesens ergriffen, welcher durch die Eingliederung von Sprachen, durch die Eingliederung von anderen Elementen des Menschenwesens es möglich macht, daß sich solche Wesen, wie ich es gestern geschildert habe, in diesen Menschen verkörpern.

Ich bemerke ausdrücklich, daß bei alledem, was ich jetzt bespreche, es sich nur um solche einzelne Menschen handelt, die unter der Menge der übrigen Menschen zerstreut sind. Es betrifft nicht die Nationen, es betrifft nicht irgendwie die große Masse der Menschen, es betrifft die einzelnen Menschen, die aber außerordentlich starke Führerstellungen in den Regionen haben, von denen ich gesprochen habe. Was nun da im Westen vorzugsweise ergriffen wird von solchen Wesen, die dann dem Menschenleib, in welchem sie sich verkörpern, eine gewisse Führerstellung sichern, das ist hauptsächlich Leib und Seele, nicht der Geist, für den man sich daher weniger interessiert.

Woher kommt zum Beispiel die ganz grandiose, aber einseitige Ausgestaltung der Deszendenzlehre durch *Charles Darwin*? Sie kommt daher, daß bei Charles Darwin tatsächlich besonders dominierend waren Leib und Seele, nicht der Geist. Daher betrachtet er den Menschen auch nur nach Leib und Seele, sieht ab von dem Geiste und von dem, was aus dem Geiste in das Seelische sich hereinlebt. Wer unbefangen auf die Ergebnisse der Forschungen Darwins sieht, der wird sie verstehen von dem Gesichtspunkte aus, daß da etwas lebte, was den Menschen nicht betrachten wollte seinem Geiste nach. «Geist» nahm man nur von der neueren naturwissenschaftlichen Richtung, die international ist; dasjenige aber, was die ganze Anschauung über das Menschenwesen färbte, nuancierte, das war die Hinneigung zu Leib und Seele, mit Außerachtlassung des Geistes. Ich möchte sagen, die treuesten Schüler des ökumenischen Konzils vom Jahre 869 waren die Menschen des Westens. Sie haben den Geist zunächst unberücksichtigt gelassen, Leib und Seele genommen, wie sie besonders in der Schilderung Darwins zum Vorschein kommen, und nur einen künstlichen Kopf aufgesetzt als Geist mit materialistischer Denkungsweise, wie er aus der Naturwissenschaft hervorkommt. Und weil man sich gewissermaßen schämte, aus der Naturwissenschaft eine Universalreligion zu machen, blieb als äußerliches Nebenwerk, das ein abstraktes Dasein führte, dasjenige, was als Puritanismus und dergleichen weiterlebt, was aber mit der eigentlichen Weltkultur hier keinen Zusammenhang hat. Da sehen wir, wie in einer gewissen Weise überwältigt wird Leib und Seele von einem abstrakt naturwissenschaftlichen Geist, den wir bis in die Gegenwart herauf klar beobachten können.

Aber man nehme an, das andere geschähe. Es würde stärker sein dasjenige, was in der Sprache weiterlebt, was in der ganzen geistigen Formenwelt der vierten nachatlantischen Zeit weiterlebt, was würde da herauskommen? Da würde ein strenges fanatisches Abweisen des modernen Geistes herauskommen; und es würde nicht betont werden, daß aus naturwissenschaftlichen Begriffen ein künstlicher Kopf aufgesetzt werde dem Leiblich-Seelischen, sondern es würden die alten Traditionen aufgesetzt werden, aber es würden doch nur das Leibliche und Seelische eigentlich gepflegt werden. Da könnten wir uns denken, daß irgendein Mensch in ebenso brutaler Weise alles das, was nur Leib und Seele ist, ausbildet und eine Lehre erfindet, die nur auf Leib und Seele hinsehen will und als Äußeres dazu nicht die Naturwissenschaft hat, sondern einen wiederum nur noch äußerlich gebliebenen Teil von einer aus früherer Zeit in spätere Zeit hineingetragenen Offenbarung: Und dann haben wir den Jesuitismus, dann haben wir *Ignaz von Loyola.* Ich möchte sagen, ebenso wie mit Notwendigkeit Geister wie Darwin hervorgingen aus dem Angelsachsentum, ebenso ging aus dem Spätromanismus Ignaz von Loyola hervor.

Das Eigentümliche der Menschen, von denen wir hier in bezug auf den Westen zu sprechen haben, ist, daß sich durch sie der Welt bemerklich machen jene geistigen Wesen, die ich gestern charakterisiert habe, daß sie durch sie in der Welt wirken. Im Osten ist das anders. Nach dem Osten geht eben eine andere Strömung (siehe Zeichnung S. 50). Wir werden zunächst aber etwas betrachten, was als eine zweite Strömung von dem alten Römertum ausgeht, was nun nicht die Sprache auch hinaufträgt, wohl aber die ganze Richtung der Seelenverfassung hinaufträgt, was die Gedankenrichtung hinaufträgt. Nach dem Westen geht mehr die Sprache. Dadurch kommen alle diejenigen Erscheinungen, von denen ich eben gesprochen habe. Nach der europäischen Mitte geht dasjenige, was mehr die Gedankenrichtung ist. Aber es vereinigt sich mit dem, was in dem Germanentum veranlagt ist, und in dem Germanentum ist veranlagt ein gewisses Verwachsen-sein-Wollen mit der Sprache. Aber man kann dieses Verwachsen-sein-Wollen mit der Sprache nur erhalten, solange die Menschen, die in dieser Sprache leben, zusammen sind. Als die Goten, die Vandalen und so weiter nach dem Westen zogen, tauchten sie unter in das lateinische Element. Es blieb das Verwachsensein mit der Sprache nur in der europäischen Mitte vorhanden. Dies bedeutet, daß in dieser europäischen Mitte die Sprache zwar nicht in einer besonders starken Weise an dem Menschen haftet, aber doch stärker haftet, als sie in den römischen Menschen war, die als solche sich verloren haben, aber die Sprache selber abgegeben haben. Die germanischen Menschen würden ihre Sprache nicht abgeben können. Die germanischen Menschen haben ihre Sprache als ein Lebendigeres in sich. Sie würden es nicht als Erbstück hinterlassen können. Sie kann sich nur so lange erhalten, diese Sprache, als sie mit dem Menschen verbunden ist. Das hängt zusammen mit der ganzen Art und Weise der menschlichen Verfassung dieser Völker, die in Europas Mitte sich nach und nach geltend gemacht haben. Das bedingt, daß in dieser europäischen Mitte sich Menschen geltend gemacht haben, die nicht gerade geeignet waren, starke Möglichkeiten für die Verkörperung solcher Wesen zu bieten, wie es im Westen der Fall war. Aber ergriffen konnten sie doch auch werden. Bei diesen Menschen der europäischen Mitte war es durchaus möglich, daß in den Führergestalten sich solche Wesen der dreifachen Gattung geltend machten, wie ich sie gestern geschildert habe. Aber das bewirkt immer, daß auf der anderen Seite auch eine gewisse Zugänglichkeit bei diesen Menschen vorhanden ist für jene Erscheinungen, die den Menschen des Orients sich als Imagination entgegenstellen. Nur bleiben diese Imaginationen bei den Menschen der Mitte während des Tagwachens so blaß, daß sie eben nur als Begriffe, als Vorstellungen erscheinen. In derselben Weise wirkt dasjenige, was von jenen Wesen herrührt, die sich durch die Menschen verkörpern und eine so große Rolle bei einzelnen Menschen des Westens spielen. Dadurch können diese durchaus nicht eine solche Wirkung hervorbringen, aber doch dem ganzen Menschen eine gewisse Richtung geben. Es ist insbesondere bei den Menschen dieser Mitte so, daß es durch Jahrhunderte hindurch kaum möglich gewesen ist, daß diejenigen Menschen, die irgendeine Bedeutung erhielten, sich retten konnten vor der Einkörperung auf der einen Seite der Geister des Westens und auf der anderen Seite der Geister des Ostens. Das bewirkte immer eine Art Zwiespältigkeit dieser Menschen.

Man könnte sagen, wenn man sie ihrer wahren Realität nach schildert: Wenn diese Menschen wachten, so war etwas von den Attacken der Geister des Westens in ihnen, das ihre Triebe, ihr Instinktleben beeinflußte, das in ihrem Willen lebte, das ihren Willen lähmte. Wenn diese Menschen schliefen, wenn der astralische Leib und das Ich gesondert waren, da machten sich auf sie solche Geister geltend wie diejenigen, die auf die Menschen des Orients als Erscheinungen in Imaginationen oft unbewußt wirkten. Und man braucht nur eine ganz charakteristische Persönlichkeit aus der Zivilisation der Mitte herauszunehmen, und man wird, ich möchte sagen, mit Händen greifen können, daß das so ist, wie ich es geschildert habe. Man braucht nur *Goethe* herauszunehmen. Nehmen Sie all das, was in Goethe von den Attacken der Geister des Westens lebte, was in seinem Willen sich geltend machte, was insbesondere in dem jungen Goethe wühlte, was man wohl fühlt, wenn man die in der Jugend hingewühlten Szenen des «Faust» oder des «Ewigen Juden» liest; und dann sehen Sie, wie Goethe auf der anderen Seite abgeklärt war – weil das bloß nach dem Geistig-Seelischen hintendierende Element des Orients in ihm gebändigt war, durchströmt war von diesem Willenselement –, wie er im Alter sich mehr zu Imaginationen hinwendet im zweiten Teil seines «Faust». Aber eine Kluft ist doch vorhanden. Sie kommen nicht recht herüber vor allen Dingen aus dem Stil des ersten Teiles des «Faust» in den Stil des zweiten Teiles des «Faust».

Und betrachten Sie den lebendigen Goethe selbst, der herauswächst aus den Impulsen des Westens, der, ich möchte sagen, gepeinigt wird von den Geistern des Westens, der sich als junger Mensch tröstet mit dem, was ja schließlich auch viel Westliches in sich enthält: mit der Gotik, womit aber auftaucht das Streben zu den Geistern der Vergangenheit, zu jenen Geistern, die im Griechentum, die auch ganz besonders in der Gotik tätig waren, die aber doch im Grunde genommen die Nachkommen jener Geister waren, die einstmals den Orientalen inspirierten, als er zu seiner großen Urweisheit kam. Und so sehen wir, als es in die achtziger Jahre hereingeht, wie er es nicht aushält mit den Geistern des Westens, wie sie ihn quälen. Er will das ausgleichen, indem er nach dem Süden zieht, um aufzunehmen, was von der anderen Seite kommen kann. Das gibt den Menschen der Mitte gerade in ihren hervorragenden Führern – und die anderen folgen ja diesen Führern – ihr charakteristisches Gepräge. Die Menschen der Mitte waren dadurch besonders vorgebildet zur Geltendmachung des einen, was wichtig ist in der ganzen Menschheitsentwickelung. Man kann es am besten bei einem solchen Geiste wie *Hegel* beobachten. Wenn Sie Hegels Philosophie nehmen – ich habe das schon öfter hier erwähnt –, finden Sie überall diese Philosophie hinentwickelt bis zum Geiste. Aber nirgends finden Sie irgend etwas bei Hegel, was über das physisch-sinnliche Leben hinausragt. Statt einer eigentlichen Geistlehre finden Sie eine logische Dialektik als ersten Teil der Philosophie; die Naturphilosophie finden Sie bloß als eine Summe von Abstraktionen dessen, was im Menschenwesen selber lebt; was durch die Psychologie ergriffen werden soll, das finden Sie dargestellt im dritten Teil von Hegels Philosophie. Aber es kommt nichts anderes heraus als das, was der Mensch auslebt zwischen Geburt und Tod, was sich dann zusammendrängt in der Geschichte. Von irgendeinem Hineingehen des Ewigen im Menschen in ein vorgeburtliches, in ein nachtodliches Dasein ist ja bei Hegel nirgends die Rede; es kann auch gar nicht geltend gemacht werden.

Das eine ist es, was die Menschen, die hervorragendsten Menschen der Mitte geltend machen, daß in dem Menschen, wie er hier lebt zwischen Geburt und Tod, Leib, Seele und Geist vorhanden sind. Für den Menschen der Sinneswelt, für unsere physische Welt sollte durch diese Menschen der Mitte der Geist und das Seelische sich darstellen.

Sobald wir nach dem Osten gehen, finden wir, daß – ebenso wie wir im Westen sagen müssen, es lebe vorzugsweise Leib, Seele – im Osten vorzugsweise Seele und Geist lebt. Daher das Hinaufheben zu den Imaginationen ja natürlich ist, und wenn diese Imaginationen auch nicht zum Bewußtsein kommen, so wirken sie in das Bewußtsein hinein. Die ganze Anlage des Denkens ist beim Menschen des Ostens so, daß sie nach Imaginationen hintendiert, wenn auch diese Imaginationen zuweilen, wie bei *Solowjow,* in abstrakte Begriffe gefaßt werden.

Und ein dritter Ast geht von dem Römertum nach dem Norden über Byzanz in den Osten hinein (siehe Zeichnung S. 50). Es spaltet sich gewissermaßen dasjenige, was im Römertum chaotisch beisammen war, in drei Zweige. Es strebt auseinander, kommt zum Westen, wo ein neues Element des Wirtschaftlichen sich geltend macht als dasjenige, was der Neuzeit besonders angemessen war, und was sich mit der Naturwissenschaft verbindet. Es kommt zum Osten und kommt aus der alten Urweisheit in die Dekadenz hinein; es entwickelt sich da hinüber dasjenige, was in religiöser Form das Geistige ist. Das alles geht natürlich parallel. Es entwickelt sich nach der Mitte hin dasjenige, was Politisch-Militärisches, Staatlich-Juristisches ist, was natürlich nach den verschiedenen Seiten sich ausbreitet; aber wir müssen die charakteristischen Äste ins Auge fassen. Je weiter wir nach dem Osten kommen, desto mehr sehen wir, wie diese Menschen des Ostens mit ihrer Sprache nicht in derselben Art verwachsen sind wie die germanischen Völker. Die germanischen Völker leben in ihrer Sprache, solange sie sie haben. Studieren Sie einmal diesen merkwürdigen Gang gerade der germanischen Menschheit Mitteleuropas. Studieren Sie diese Zweige der germanischen Bevölkerung, die sich zum Beispiel nach Ungarn hinüber in die Zipser Gegend, als Schwaben hinunter ins Banat, nach Siebenbürgen als die Siebenbürgener Sachsen bewegt haben. Überall ist es, ich möchte sagen, etwas wie ein Abglimmen des eigentlich sprachlichen Elementes. Diese Menschen gehen überall in der Sprache auf, in die sie untertauchen. Und eine der allerinteressantesten ethnographischen Studien wäre es, zu sehen, wie um Wien herum in verhältnismäßig kurzer Zeit, im Laufe der letzten zwei Drittel des 19. Jahrhunderts, das Deutschtum zurückgegangen ist, überflutet worden ist. Man könnte das mit Händen greifen, wenn man diese Sache verständig ansähe. Man sah, wie in das Magyarentum hinein auf künstliche Weise, aber namentlich in das Slawentum hinein auf natürliche Weise, sich das germanische Element entwickelte. Im Osten ist der Mensch mit seiner Sprache aber ganz verwachsen. Da lebt das Geistig-Seelische, lebt in der Sprache. Das ist etwas, was man oftmals gar nicht berücksichtigt. Der Mensch des Westens lebt ja in der Sprache in einer ganz anderen Art, in einer radikal anderen Art als der Mensch des Ostens. Der Mensch des Westens lebt in seiner Sprache wie in einem Kleide; der Mensch des Ostens lebt in seiner Sprache wie in sich selbst. Daher konnte der Mensch des Westens die naturwissenschaftliche Lebensauffassung annehmen, hineingießen in seine Sprache, die ja nur ein Gefäß ist. Im Orient wird die naturwissenschaftliche Weltanschauung des Westens niemals Fuß fassen, denn sie kann gar nicht untertauchen in die Sprachen des Orients. Die Sprachen des Orients weisen sie zurück, die naturwissenschaftliche Weltanschauung nehmen sie gar nicht auf.

Das können Sie schon verspüren, wenn Sie die allerdings heute noch koketten Auseinandersetzungen des *Rabindranath Tagore* auf sich wirken lassen; wenn auch das bei Rabindranath Tagore von Koketterie durchwirkt ist, so sieht man doch, wie sein ganzes Sich-Darleben besteht im Erleben eines Anpralles der westlichen Weltanschauung, aber sofort – durch das Leben in der Sprache – ein Zurückwerfen dieser Weltanschauung des Westens.

In dieses Ganze war der Mensch der Mitte hineingeworfen. Er mußte alles das aufnehmen, was er im Westen erlebte. Er nahm es nicht so tief auf wie der Westen, er durchtränkte es mit dem, was auch der Osten hatte. Daher das labilere Gleichgewicht in der Mitte, dadurch aber auch die Zerrissenheit, die Zweiheit der Individualisierung der Seelen der Menschen der Mitte, dieses Streben, eine Harmonie, einen Ausgleich in der Zweiheit zu finden, wie es sich so klassisch, so großartig darlebt in Schillers Briefen über die ästhetische Erziehung, wo zwei Triebe – der Naturtrieb und der Vernunfttrieb –, die vereinigt werden sollen, deutlich hinweisen auf diese Zweiheit. Aber man kann noch auf viel Tieferes deuten.

Sehen Sie, wenn man nach dem Westen hinblickt, so findet man, daß da vorzugsweise eine gewisse Geneigtheit im ganzen Volkstum ist, die naturwissenschaftliche Denkweise aufzunehmen, die sich für das Wirtschaftsleben so außerordentlich eignet. Ich habe Ihnen gezeigt, wie die naturwissenschaftliche Denkweise sich bis in die Psychologie, bis in die Seelenkunde hineingelebt hat. Da nimmt man sie auf, da nimmt man sie restlos auf, diese naturwissenschaftliche Anschauungsweise. Und das Puritanertum lebte eben dort wie ein abstrakter Einschlag, wie etwas, das mit dem eigentlichen äußeren Leben nichts zu tun hat, das man auch gewissermaßen in sein Seelenhaus einsperrt, das man nicht berührt werden läßt von der äußeren Kultur.

Das, was da im Westen sich entwickelt, ist so, daß man sagen kann: Es ist eine Neigung vorhanden, alles in sich aufzunehmen, was der menschlichen Vernunft zugänglich ist, insofern sie gebunden ist an Leib und Seele. Das andere, der Puritanismus, ist ja nur ein Sonntagskleid dessen, was Leib ist, was zugänglich ist der Vernunft. Daher der Deismus, diese ausgepreßte Zitrone einer religiösen Weltanschauung, wo von Gott nichts mehr vorhanden ist als ein Märchen einer allgemeinen, ganz abstrakten Weltursache; die Vernunft, wie sie an Leib und Seele gebunden ist, die macht sich da geltend.

Wenn Sie nach dem Osten gehen, da ist gar kein Verständnis für eine solche Vernünftigkeit. Schon in Rußland fängt es an. Hat denn der Russe überhaupt Verständnis für das, was man im Westen Vernünftigkeit nennt? Man gebe sich nur keiner Täuschung hin; nicht das geringste Verständnis hat der Russe schon für das, was man im Westen Vernünftigkeit nennt. Der Russe ist zugänglich für dasjenige, was man Offenbarung nennen könnte. Er nimmt im Grunde genommen alles das auf als seinen Seeleninhalt, was er einer Art Offenbarung verdankt. Vernünftigkeit, wenn er auch das Wort den westlichen Menschen nachsagt, so versteht er doch nichts davon, das heißt, er fühlt nicht das, was die westlichen Menschen dabei fühlen. Aber was nachgefühlt werden kann, wenn man von Offenbarung, von dem Herabkommen von Wahrheiten aus der übersinnlichen Welt in den Menschen herein spricht, das versteht er gut. Dasjenige aber, wovon man im Westen so redet – und dafür ist ja gerade das Puritanertum ein Beweis –, ist so, daß man sieht: In diesem Westen ist selbstverständlich nicht das geringste Verständnis da für dasjenige, was man eigentlich als das Verhältnis des russischen Menschen und gar erst des Orientalen, des asiatischen Menschen, was man überhaupt als das Verhältnis des Menschen zur geistigen Welt ansprechen muß. Dafür ist im Westen nicht das geringste Verständnis. Denn das ist etwas ganz anderes als das, was durch Vernunft vermittelt wird; das ist etwas, was, vom Geistigen ausgehend, den Menschen ergreift und den Menschen lebendig durchdringt.

Und bei den Menschen der europäischen Mitte, nun, da ist es so: Als der fünfte nachatlantische Zeitraum sich schon nahte, so im 10., 11., 12. Jahrhundert – er kam ja dann in der Mitte des 15. Jahrhunderts –, da standen die hervorragendsten Geister der europäischen Mitte vor einer ungeheuren Frage, vor einer Frage, die ihnen aufgegeben war als Menschen, die drinnenstanden zwischen dem Westen und dem Osten, und es drängte in ihnen der Westen nach Vernunft, und es drängte in ihnen der Osten nach Offenbarung. Und man studiere einmal von diesem Gesichtspunkte aus die Hochscholastik, die Glanzepoche mittelalterlicher Geistesentwickelung, man studiere von diesem Gesichtspunkte aus solche Geister, wie *Albertus Magnus, Thomas von Aquino, Duns Scotus* und so weiter; man vergleiche sie mit solchen Geistern wie *Roger Bacon* – ich meine den Älteren, der mehr westwärts orientiert war –, und man wird sehen: Eine große Frage entstand bei den Geistern der mitteleuropäischen Hochscholastik aus dem Zusammenwirken von dem, was vom Westen her als Vernunft, vom Osten her als Offenbarung drängte. Ihre Bedrängnis war die, die auf der einen Seite von den Geistern herrührte, die durch den Willen den menschlichen Leib und die menschliche Seele ergreifen wollten, auf der anderen Seite von den Geistern herrührte, die von der Imagination aus Geist und Seele im Osten ergreifen wollten. Daher entstand die scholastische Lehre, daß alles beides gilt: Vernunft auf der einen Seite, Offenbarung auf der anderen Seite, Vernunft für alles dasjenige, was auf der Erde mit den Sinnen zu erreichen ist, Offenbarung für die übersinnlichen Wahrheiten, die nur aus der Bibel und aus der Tradition des Christentums geschöpft werden können. Man begreift so richtig die christliche Scholastik des Mittelalters, wenn man ihre hervorragendsten Geister auffaßt als diejenigen, in denen zusammenströmte Vernünftigkeit von Westen, Offenbarung von Osten. Da wirkten in den Menschen beide Richtungen, und im Mittelalter konnte man sie nicht anders zusammenbringen als dadurch, daß man gewissermaßen in sich selber den Zwiespalt empfand.

An jener Stelle unserer kleinen Kuppel, drüben im kleinen Kuppelraum, wo das germanische Element zur Darstellung kommen sollte mit seinem Dualismus, sehen Sie daher auch in dem Bräunlich-Schwärzlichen und dem Rötlich-Gelblichen aneinanderstoßen diese Zweiheit: das Rot-Gelbliche der Offenbarung, das Schwärzlich-Bräunliche des Vernünftigen; wie dort überhaupt inspirierend das gewirkt hat, was durch die verschiedenen Menschheitskulturen hindurch an die Menschen herangetreten ist; nur ist es dort in Farben und in den Offenbarungen der Farben empfunden.

So, möchte man sagen, ist das, was wir jetzt haben über die zivilisierte Welt hin, im Westen ergriffen von dem eigentlichen, erst in der Neuzeit heraufgekommenen Element, von dem Wirtschaftsleben; denn dieses Wirtschaftsleben selbst war in keiner früheren Epoche eine solche Zeitfrage, wie es jetzt geworden ist. Es ist eigentlich zeitgemäß. Dagegen ist dasjenige, was in Staat und Politik ist, schon im Abglimmen begriffen. Und was dann im letzten Drittel des 19. Jahrhunderts als Deutsches Reich begründet worden ist, das nahm eben in sich auf dieses abglimmende Element des alten Römertums und ging daran zugrunde. Schon wie es sich aufgebaut hat, war es so, aber insbesondere, wie es dann sich ausgestaltet hat. Im Grunde genommen gab es innerhalb dieses Deutschen Reiches nur die Fortsetzung des juristisch-staatlichen, politischen Elementes, das organisierte, das ja große Genies des Organisierens hatte; aber das wollte sich einverleiben die Wirtschaft, ohne daß man das wirtschaftliche Denken hatte. Denn alles, was die Wirtschaft innerhalb dieses Gebietes trieb, das wollte immer mehr und mehr unter das Staatssystem unterkriechen. Der Militarismus zum Beispiel, der im Grunde genommen von Frankreich oder auch der Schweiz ausgegangen ist, der aber ja noch andere Formen hatte, wurde verstaatlicht, möchte man sagen, in Mitteleuropa. So daß dieses Mitteleuropa weder aufnehmen konnte das wirtschaftliche Leben, noch aufnehmen konnte ein wirklich in sich selbst lebendiges, aus seinen Wurzeln heraus treibendes Geistesleben. Was organisiert wurde an Widergeistigkeit in der letzten Zeit gerade in Mitteleuropa, das ist ja das Allerfurchtbarste! Wir sehen alles, was Geistesleben ist, immer mehr und mehr hineinwachsen in die Form des politischen Staates. Und so kam es, daß es im zweiten Jahrzehnt des 20. Jahrhunderts in Mitteleuropa keinen Menschen mehr gab, der über Geschichte oder über ähnliche Dinge anders schrieb denn als politischer Parteimann. Alles, was von den Universitäten ausging, ist nicht objektive Geschichte, ist Parteiweisheit, ist durchaus politisch gefärbt. Und noch mehr in der Dekadenz ist das geistige Leben, das aus Urzeiten aus dem Orient stammt. Es wuchs hinein in eine Überschwemmung aus dem Westen, aus der Mitte, in den Maßnahmen *Peters des Großen*, die noch durchdrungen waren von einem urwüchsigen Geistigen, das aber eben in der Dekadenz ist, das sich im Panslawismus, im Slawophilentum auslebt. Und es führte endlich dazu, daß die heutigen Zustände geschaffen wurden, aus denen heraus will ein neuer Geist, denn der alte ist ja ganz in der Dekadenz.

So sehen wir über die Welt verbreitet die neue Wirtschaft, die endende Jurisprudenz und Staatlichkeit und das geendete Geistesleben.

Im Westen sehen wir, von der Wirtschaft ganz aufgesogen, das Staatselement, und das Geistige ist ja nur in der Form der Naturwissenschaft da, wenn man eben absieht von dem unwahren Puritanertum. In der Mitte haben wir einen schon alternden Staat gehabt, der Wirtschaft und Geistesleben aufsaugen wollte und deshalb nicht leben konnte. Und im Osten haben wir nichts anderes als den ersterbenden Geist der alten Zeit, der galvanisiert werden soll durch allerlei Maßnahmen des Westens; gleichgültig, ob es Peter der Große ist, ob es *Lenin* ist, dasjenige, was vom Westen kommen will, galvanisiert den Leichnam des östlichen Geistes. Die Rettung besteht darinnen, daß man klar einsieht: Ein neuer Geist muß die Menschen durchziehen.

Dieser neue Geist, der nun nicht im Orient, der im Abendlande selber gefunden werden kann, dieser neue Geist muß reinlich nebeneinander hinstellen Wirtschaftsleben, staatlich-politisches Leben, Geistesleben. Dann kann zu dem Wirtschaftsleben des Westens, wozu der

Westen besonders durch seine Natureigenschaften organisiert ist, auch das staatliche und geistige Leben treten. Dann kann die Mitte neben dem staatlichen Leben, das, wenn es anthroposophisch orientiert wird, aus ganz anderen Grundsätzen heraus aufgebessert wird, als früher da waren, dann kann die Mitte wirklich ein Wirtschafts- und ein Geistesleben aufnehmen. Und dann kann der Orient wiederum befruchtet werden. Das Geistesleben, das im Abendlande blüht, das wird der Orient verstehen, wenn man es ihm nur in der richtigen Weise bringt. Sobald nicht mehr künstliche Grenzen geschaffen sind, über die nicht hinübergelassen wird, was an wirklichem anthroposophisch orientierten Geistesleben im Abendlande lebt, sobald das hinübergelassen wird nach dem Orient, wird man es verstehen, wenn es auch zunächst durch so kokette Geister dringt wie Rabindranath Tagore oder andere. Es handelt sich darum, daß die Naturwissenschaft als solche zurückgewiesen wird von dem Orient. Aber jene Naturwissenschaft, welche durchleuchtet ist von wirklicher Geistigkeit, wie wir sie ja darstellen wollten in unseren Hochschulkursen hier, die wird mit allem Eifer auch vom Orient aufgenommen werden. Dann wird der Orient sehr viel Verständnis für ein selbständiges Geistesleben haben. Und er wird auch aufnehmen das selbständige staatlich-politische Leben, er wird aufnehmen können das Wirtschaftsleben, es in Unabhängigkeit treiben können. So daß wirklich in dieser Dreigliederung des sozialen Organismus sich auch dasjenige erfüllt, was sich aus einer vernünftigen und zu gleicher Zeit geistigen Betrachtung als Entwickelung der europäischen und asiatischen Welt seit dem untergehenden Römertum darstellt.

## VIERTER VORTRAG

Dornach, 24. Oktober 1920

Ich habe bereits im Jahre 1891 aufmerksam gemacht auf die Beziehung, welche besteht zwischen *Schillers* «Ästhetischen Briefen» und *Goethes* «Märchen von der grünen Schlange und der schönen Lilie». Heute möchte ich darauf hinweisen, daß ein gewisser Zusammenhang besteht zwischen dem, was ich gestern als Charakteristik der mittelländischen Zivilisation im Gegensatze zu der westlichen und der östlichen gegeben habe, und dem, was ja in ganz eigenartiger Weise bei Schiller und bei Goethe auftritt. Man kann dieses ganze Streben, wie ich es gestern charakterisiert habe – auf der einen Seite das Ergriffensein der menschlichen Leiblichkeit von den Geistern des Westens und auf der anderen Seite das Fühlen jener geistigen Wesenheiten, die als Imaginationen, als Geister des Ostens inspirierend wirken auf die östliche Zivilisation –, man kann beides gerade bei diesen führenden Geistern, bei Schiller und bei Goethe, merken. Ich mache nur noch darauf aufmerksam, wie in Schillers «Ästhetischen Briefen» gesucht wird, eine Seelenverfassung des Menschen zu charakterisieren, die eine gewisse mittlere Stimmung darstellt zwischen dem einen, das der Mensch auch haben kann, dem Hingegebensein an die Instinkte, an das Sinnlich-Physische, und dem anderen, das er haben kann, wenn er an die logische Vernunftwelt hingegeben ist. Schiller meint, daß der Mensch in beiden Fällen nicht zur Freiheit kommen könne. In dem Falle nicht, wenn er ganz der Sinnenwelt, der Welt der Instinkte, der Triebe hingegeben ist; da ist er seiner leiblich-physischen Wesenheit unfrei hingegeben. Aber er ist auch nicht frei, wenn er der Vernunftnotwendigkeit, der logischen Notwendigkeit ganz hingegeben ist, denn da zwingen ihn eben die logischen Gesetze unter ihre Tyrannei. Aber Schiller will hinweisen auf einen mittleren Zustand, wo der Mensch seine Instinkte so weit vergeistigt hat, daß er sich ihnen überlassen kann, daß sie ihn nicht hinunterziehen, daß sie ihn nicht versklaven, und wo auf der anderen Seite die logische Notwendigkeit aufgenommen ist in das sinnliche Anschauen, aufgenommen ist in die persönlichen Triebe, so daß auch diese logische Notwendigkeit den Menschen nicht versklavt.

Schiller findet allerdings dann in dem Zustand des ästhetischen Genießens und des ästhetischen Schaffens jenen mittleren Zustand, in dem der Mensch zur wahren Freiheit kommen kann.

Es ist von großer Wichtigkeit, daß diese ganze Abhandlung Schillers hervorgegangen ist aus derselben europäischen Stimmung, aus der die Französische Revolution hervorgegangen ist. Dasselbe, was sich tumultuarisch im Westen geäußert hat als große politische Bewegung mit der Hinorientierung auf äußere Umwälzungen, das bewegte Schiller, und es bewegte ihn so, daß er suchte die Frage zu beantworten: Was muß der Mensch an sich selbst tun, um zu einem wahrhaft freien Wesen zu werden? – Im Westen stellte man die Frage: Wie müssen die äußeren sozialen Zustände werden, damit der Mensch in ihnen frei werden könne? – Schiller frägt: Wie muß der Mensch selbst in sich werden, damit er in seiner Seelenverfassung die Freiheit darleben könne? – Und Schiller stellt sich vor, daß, wenn die Menschen zu einer solchen mittleren Stimmung erzogen werden, sie auch ein soziales Gemeinwesen darstellen werden, in dem Freiheit herrscht; also auch ein soziales Gemeinwesen will Schiller auf die Weise verwirklichen, daß durch die Menschen die freien Zustände geschaffen werden, nicht durch äußere Maßnahmen.

Schiller ist zu dieser Fassung seiner «Ästhetischen Briefe» durch seine *Kant*-Schulung gekommen. Er war ja bis zu einem hohen Grade eine künstlerische Natur, allein er hat sich gerade am Ende der achtziger Jahre und im Beginne der neunziger Jahre des 18. Jahrhunderts von Kant stark beeinflussen lassen und versuchte, im Kantischen Sinne sich solche Fragen zu beantworten. Die Abfassung der «Ästhetischen Briefe» fällt nun gerade in die Zeit, in der Goethe und Schiller zusammen die Zeitschrift «Die Horen» gründen, und Schiller legt die «Ästhetischen Briefe» Goethe vor.

Nun wissen wir ja, wie Goethes Seelenverfassung eine ganz andere war als die Schillers. Gerade durch die Verschiedenheit dieser Seelenverfassung kamen sich die beiden so nahe. Sie konnten, jeder dem anderen, das geben, was eben dieser andere nicht hatte. Nun bekam also Goethe Schillers «Ästhetische Briefe», in denen Schiller die Antwort geben wollte auf die Frage: Wie kommt der Mensch innerlich zu einer innerlich freien Seelenverfassung und äußerlich zu sozial freien Zuständen? Goethe konnte aus der philosophischen Abhandlung Schillers nicht viel machen. Diese Art der Begriffsführung, der Ideenentwickelung war Goethe nicht etwa fremd gewesen, denn derjenige, der, wie ich, gesehen hat, wie Kants «Kritik der reinen Vernunft» in Goethes eigenem Exemplar mit Unterstreichungen und Randbemerkungen versehen ist, der weiß, wie Goethe dieses noch in ganz anderem Sinne abstrakte Werk Kants wirklich studiert hat. Und wie er sie als solche Werke durchaus hätte hinnehmen können, so hätte er natürlich als Studiumwerk auch Schillers «Ästhetische Briefe» hinnehmen können. Aber darum handelte es sich gar nicht, sondern für Goethe war diese ganze Konstruktion des Menschen, auf der einen Seite der Vernunfttrieb mit seiner logischen Notwendigkeit, auf der anderen Seite der Sinnestrieb mit seiner sinnlichen Notdurft, wie Schiller sagte, und der dritte, mittlere Zustand, das war für Goethe etwas viel zu Gradliniges, zu Einfaches. Er empfand: So einfach kann man sich den Menschen nicht vorstellen, so einfach kann man auch die menschliche Entwickelung nicht darstellen, und deshalb schrieb er an Schiller, er wolle das ganze Problem, das ganze Rätsel nicht in einer solchen philosophisch verstandesmäßigen Form behandeln, sondern bildmäßig. Bildmäßig hat Goethe denn auch dieses selbe Problem, gewissermaßen als die Antwort auf die Zusendung der «Ästhetischen Briefe» Schillers, in seinem Märchen von der grünen Schlange und der schönen Lilie behandelt, indem er in den beiden Reichen, diesseits und jenseits des Flusses, aber in bildhafter, mannigfaltiger, konkreter Weise dasselbe hingestellt hat, was Schiller als Sinnlichkeit und als Vernunftmäßigkeit auf der anderen Seite hinstellte. Und das, was Schiller bloß abstrakt als den mittleren Zustand charakterisiert, das hat Goethe dann in der Aufrichtung des Tempels, in dem da herrscht der König der Weisheit, der goldene König, der König des Scheines, der silberne König, der König der Gewalt, der eherne, der kupferne König, und in dem zerfällt der gemischte König; das hat Goethe in bildhafter Weise behandeln wollen. Und wir haben gewissermaßen eine Hindeutung, aber eben noch in der Goetheschen Weise eine Hindeutung auf die Tatsache, daß die äußere Gliederung der menschlichen Gesellschaft nicht eine Einheit sein dürfe, sondern eine Dreiheit sein müsse, wenn der Mensch darinnen gedeihen solle.

Dasjenige, was dann entsprechend einer späteren Epoche als die Dreigliederung herauskommen mußte, das gibt Goethe noch im Bilde; natürlich ist noch nicht die Dreigliederung des sozialen Organismus da, aber Goethe gibt eben die Gestalt, die er dem sozialen Organismus anweisen will, in diesen drei Königen, in dem goldenen, dem silbernen und dem kupfernen König; und das, was zerfällt, gibt er in dem gemischten König.

Man kann heute nicht mehr so diese Dinge geben. Das habe ich gezeigt in meinem ersten Mysterium, wo im Grunde genommen dasselbe Motiv behandelt ist, wo es aber so ist, wie man es behandeln mußte im Beginn des 20. Jahrhunderts, während Goethe sein Märchen schrieb am Ende des 18. Jahrhunderts.

Nun kann man aber in einer gewissen Weise schon hindeuten darauf, wenn das auch Goethe selber noch nicht getan hat, wie der goldene König entsprechen würde demjenigen sozialen Gliede, das wir als das geistige Glied des sozialen Organismus bezeichnen; wie der König des Scheines, der silberne König, entsprechen würde dem politischen Staate; wie der König der Gewalt, der kupferne König, entsprechen würde dem wirtschaftlichen Gliede des sozialen Organismus; und wie der gemischte König, der in sich selber zerfällt, den Einheitsstaat darstellt, der in sich selber eben keinen Bestand haben kann.

Das ist gewissermaßen Goethes bildhafte Hindeutung auf das, was einmal herauskommen mußte als die Dreigliederung des sozialen Organismus. Goethe hat also gewissermaßen gesagt, als er Schillers «Ästhetische Briefe» bekam: So kann man das nicht machen; Sie, lieber Freund, stellen sich den Menschen viel zu einfach vor. Sie stellen sich drei Kräfte vor. So ist es beim Menschen nicht. Wenn man dieses ganze reichgegliederte Innere des Menschen nehmen und anschauen will, so bekommt man so ungefähr zwanzig Kräfte – die Goethe dann in seinen zwanzig Märchengestalten bildhaft dargestellt hat –, und man muß dann das Spielen und Ineinanderwirken dieser etwa zwanzig Kräfte auch in einer wesentlich weniger abstrakten Weise darstellen.

So haben wir am Ende des 18. Jahrhunderts zwei Darstellungen ein und derselben Sache, eine von Schiller, man möchte sagen aus dem Verstande heraus, aber nicht so, wie die Menschen gewöhnlich aus dem Verstande heraus etwas machen, sondern doch so, daß der Verstand durchdrungen ist von Empfindung und Seele, von dem ganzen Menschen. Nur ist es ein Unterschied, ob irgendein steifer durchschnittsprofessionaler Philister irgendeine Sache über den Menschen psychologisch darstellt, wo nur der Kopf über die Sache denkt, oder ob hier Schiller aus dem Erleben des vollen Menschen heraus sich das Ideal einer menschlichen Seelenverfassung konstruiert und gewissermaßen das, was er empfindet, nur in Verstandesbegriffe umwandelt.

Man könnte nicht weiter nach dem Logisieren, nach dem verstandesmäßigen Analysieren hin gehen auf dem Wege, auf dem Schiller gegangen ist, ohne daß man philiströs und abstrakt würde. Es ist noch das volle Fühlen und Empfinden Schillers in jeder Zeile dieser «Ästhetischen Briefe». Es ist nicht die steife Königsbergerität Immanuel Kants mit den trockenen Begriffen, es ist Tiefsinn in Verstandesform, in Ideen hinein gestaltet. Aber würde man einen Schritt weitergehen, dann würde man eben in das verstandesmäßige Getriebe hineinkommen, das verwirklicht ist in der heutigen gewöhnlichen Wissenschaft, wo ja im Grunde genommen hinter dem, was verstandesmäßig ausgestaltet ist, der Mensch nichts mehr bedeutet, wo es gleichgültig ist, ob der Professor A oder D oder X die Sache ausgestaltet, weil die Dinge eben dargestellt werden, ohne aus dem ganzen Menschen heraus genommen zu sein. Bei Schiller ist noch alles urpersönlich, aber bis in den Verstand heraufgehoben. Da lebt Schiller in einer Phase, ja geradezu in einem Entwickelungspunkt der modernen Menschheitsentfaltung, der wichtig und wesentlich ist, weil Schiller gerade haltmacht vor dem, in das dann später die Menschheit vollständig hinein verfallen ist.

Wollen wir einmal graphisch darstellen, wie etwa die Sache gemeint sein könnte. Man könnte sagen: Das ist im allgemeinen die Tendenz der Menschheitsentwickelung (Pfeil aufwärts). Sie geht aber nicht so vor sich, diese Menschheitsentwickelung – es ist dies nur schematisch, graphisch dargestellt –, sondern sie geht so vor sich, daß sich die Entwickelung (blau) in einer Lemniskate herumschlängelt; aber sie kann nicht so gehen, sondern es muß fortwährend, wenn die Entwickelung diesen Gang nimmt, neue Antriebe geben, die im Sinne dieser Linie die Lemniskate heraufheben. Schiller würde, angekommen an diesem

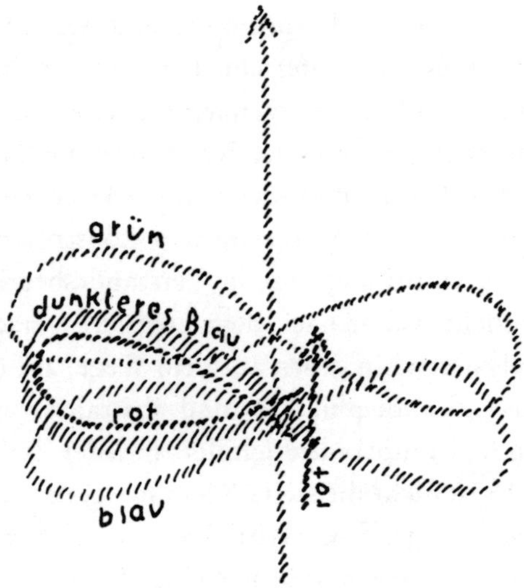


Punkte hier (siehe Zeichnung), gewissermaßen in ein dunkleres Blau der bloßen Abstraktion, des bloßen Verstandesmäßigen hineingekommen sein, wenn er weiter fortgefahren hätte im Selbständigmachen desjenigen, was er innerlich fühlte. Er machte halt, und gerade noch hielt er mit dem verständigen Gestalten inne an dem Punkt, wo man die Persönlichkeit nicht verliert, sondern in dem verständigen Gestalten noch die Persönlichkeit drinnen hat. Daher wurde das nicht blau, sondern es wurde auf einer höheren Stufe der Persönlichkeit, die ich hier (siehe Zeichnung) mit Rot durchziehen will, grün gemacht. So daß man sagen kann: Schiller hielt zurück gerade im Verstandesmäßigen vor dem, wo das Verstandesmäßige in seiner Reinheit heraus will. Sonst wäre er in den gewöhnlichen Verstand des 19. Jahrhunderts hineinverfallen. Goethe drückte dasselbe aus in Bildern, in wunderbaren Bildern, in dem «Märchen von der grünen Schlange und der schönen Lilie»; aber er blieb auch stehen bei diesen Bildern; er konnte gar nicht leiden, daß man irgendwie an diesen Bildern etwas herummäkelte, denn für ihn ergab sich das, was er über das Individuell-Menschliche und über das soziale Leben empfand, eben in solchen Bildern. Aber weiter durfte er nicht gehen als bis zu diesen Bildern. Denn würde er nun weiterzugehen versucht haben von seinem Standpunkte aus, er wäre in das Schwärmerische, in die Phantastik hineingekommen. Die Sache würde nicht mehr Konturen gehabt haben; sie würde nicht mehr anwendbar gewesen sein für das Leben, sie würde das Leben überschritten haben, sich über das Leben hinaus erhoben haben. Es würde schwärmerische Phantastik geworden sein. Man möchte sagen: Goethe war genötigt, die andere Klippe zu vermeiden, wo er ganz ins Phantastisch-Rote hineingekommen wäre. Darum hat er beigemischt das, was das Unpersönliche ist, dasjenige, was die Bilder in der Region des Imaginativen hielt, und ist dadurch auch auf das Grün gekommen.

Schiller hat gewissermaßen, wenn ich mich schematisch ausdrücken soll, das Blau vermieden, das Ahrimanisch-Verstandesmäßige; Goethe hat vermieden das Rot, das Schwärmerische, und ist beim konkreten imaginativen Bilde geblieben.

Schiller hat sich auseinandergesetzt als mittelländischer Mensch mit den Geistern des Westens. Die wollten ihn verleiten zu dem ganz Verstandesmäßigen. Kant ist dem unterlegen. Ich habe es dargestellt, indem ich vor kurzer Zeit hier darauf hingewiesen habe, wie Kant durch *David Hume* unterlegen ist dem Verstandesmäßigen des Westens. Schiller hat sich herausgearbeitet, obwohl er von Kant sich schulen ließ. Er ist geblieben bei dem, das nicht bloß das Verstandesmäßige ist.

Goethe hatte mit den anderen Geistern, den Geistern des Ostens zu kämpfen, die ihn nach der Imagination trieben. Er konnte zu seiner Zeit, weil Geisteswissenschaft noch nicht vorhanden war, nicht weiter gehen als bis zu dem Gewebe der Imagination in dem «Märchen von der grünen Schlange und der schönen Lilie». Aber auch da blieb er innerhalb der festen Konturen. Er ging nicht bis ins Phantastische, Schwärmerische hinauf. Er befruchtete sich, indem er nach Süden zog, wo noch viel erhalten war von dem Erbgute des Orients. Er lernte kennen, wie die Geister des Orients da noch wirkten in der Nachblüte orientalischer Kultur, der griechischen Künste, wie er sie sich konstruierte aus den italienischen Kunstwerken. So daß man sagen kann: Es ist etwas Eigentümliches in diesem Freundschaftsbunde zwischen Schiller und Goethe. Schiller hat zu kämpfen mit den Geistern des Westens; er ergibt sich ihnen nicht, er hält zurück, er verfällt nicht in den bloßen Verstand. Goethe hat zu kämpfen mit den Geistern des Ostens; sie wollen ihn zum Schwärmerischen treiben. Er hält zurück; er bleibt bei den Bildern, die er im «Märchen von der grünen Schlange und der schönen Lilie» gegeben hat. Goethe hätte entweder in die Schwärmerei verfallen oder die orientalische Offenbarung annehmen müssen. Schiller hätte entweder ganz verstandesmäßig werden müssen, oder er hätte das, was er geworden ist, ernst nehmen müssen; bekanntlich ist er ja von der Revolutionsregierung zum «französischen Bürger» ernannt worden, aber er hat die Sache nicht sehr ernst genommen.

Da sehen wir, wie in einem wichtigen Punkte europäischer Entwickelung diese zwei Seelenverfassungen nebeneinanderstehen, die ich Ihnen charakterisiert habe. Sie leben sonst ja auch, man möchte sagen in jeder einzelnen bedeutsamen mitteleuropäischen Individualität, aber in Schiller und Goethe stehen sie zu gleicher Zeit in einer gewissen Weise nebeneinander. Es mußte, während Schiller und Goethe gewissermaßen noch auf jenem Punkte geblieben sind, erst der Einschlag der Geisteswissenschaft kommen, der diese Lemniskatenkurve (siehe Zeichnung) heraufhebt, so daß sie auf einer höheren Stufe dann erscheint.

Und so sehen wir denn in einer eigentümlichen Weise in Schillers drei Zuständen, dem Zustand der Vernunftnotwendigkeit, dem der Instinktnotwendigkeit und dem der freien ästhetischen Stimmung, und in Goethes drei Königen, dem goldenen, dem silbernen, dem kupfernen, vorgebildet alles das, was wir sowohl über die Dreigliederung des Menschen, wie über die Dreigliederung des sozialen Gemeinwesens zu finden haben durch Geisteswissenschaft als die nächsten notwendigen Ziele und Rätselfragen des einzelnen Menschen und des menschlichen Zusammenlebens.

Diese Dinge weisen uns doch wohl darauf hin, daß nicht durch eine Willkür diese Dreigliederung des sozialen Organismus an die Oberfläche getragen worden ist, sondern daß schon beste Geister der neueren Menschheitsentwickelung darauf hintendiert haben, solches zu bringen. Aber wenn es nichts anderes gäbe als ein solches Denken über das Soziale, wie es Goethes «Märchen von der grünen Schlange und der schönen Lilie» ist, so würde man nicht zur Schlagkraft des äußeren Wirkens kommen können. Goethe stand an dem Punkt, die bloße Offenbarung zu überwinden. Er ist ja auch in Rom nicht zum Katholiken geworden. Er erhob sich eben zu seinen Imaginationen. Aber er blieb doch beim bloßen Bilde stehen. Und Schiller ist nicht zum Revolutionär geworden, sondern zum Erzieher des inneren Menschen. Er blieb stehen bei dem Punkte, wo noch Persönlichkeit in der Verstandesgestaltung drinnen ist.

So wirkte sich in einer späteren Phase mitteleuropäischer Kultur etwas aus, was schon seit älteren Zeiten zu bemerken ist, am klarsten für den modernen Menschen noch im Griechentum. Nach dem Griechentum strebte ja auch Goethe. Im Griechentum ist zu bemerken, wie das Soziale im Mythus dargestellt wird, also auch im Bilde. Aber im Grunde genommen ist der griechische Mythus so Bild, wie auch Goethes «Märchen von der grünen Schlange und der schönen Lilie» Bild ist. Man kann nicht mit diesen Bildern nun etwa reformatorisch wirken im sozialen Organismus. Man kann gewissermaßen nur als Idealist etwas sagen, was sich bilden müßte. Aber die Bilder sind ein zu leichtes Gebäude, als daß man wirklich schlagkräftig eingreifen könnte in die Gestaltung des sozialen Organismus. Daher haben die Griechen auch nicht geglaubt, mit ihrem Stehenbleiben in den Mythenbildern auch das Soziale zu treffen. Und da kommt man, wenn man diese Linie des Forschens verfolgt, an einen wichtigen Punkt der griechischen Entwickelung.

Man möchte sagen: Für das Alltagsleben, wo sich die Dinge gewohnheitsmäßig abspielen, da dachten sich die Griechen abhängig von ihren Mythengöttern, Mythengeistern. Dann aber, wenn es sich darum handelte, Großes zu entscheiden, da sagten sich die Griechen: Ja, da machen es diejenigen Götter nicht aus, welche in die Imagination hereinwirken und eben die Mythengötter sind; da muß etwas Reales zutage treten. Und da trat das Orakel zutage. Da wurden die Götter nicht bloß imaginativ vorgestellt, da wurden sie veranlaßt, die Menschen wirklich zu inspirieren. Und mit den Orakelsprüchen befaßten sich die Griechen, wenn sie soziale Impulse haben wollten. Da stiegen sie auf von der Imagination zur Inspiration, aber zu einer Inspiration, zu welcher sie die äußere Natur herbeiriefen. Wir modernen Menschen müssen allerdings auch versuchen, uns zur Inspiration zu erheben, aber dann zu einer Inspiration, die nicht die äußere Natur in den Orakeln herbeiruft, sondern die zum Geiste aufsteigt, um in der Sphäre des Geistigen sich inspirieren zu lassen. Aber so wie die Griechen zum Realen griffen, wenn es sich um Soziales handelte, wie sie nicht bei Imaginationen geblieben sind, sondern zu den Inspirationen aufstiegen, so können wir auch nicht bei den bloßen Imaginationen bleiben, sondern müssen zu den Inspirationen aufsteigen, wenn wir irgend etwas zum sozialen Heile finden wollen in der neueren Zeit.

Und hier kommen wir an einen anderen Punkt, der wichtig ist zu beachten. Warum sind denn eigentlich Schiller und Goethe stehengeblieben, der eine auf dem Wege nach dem Verständigen, der andere auf dem Wege nach dem Imaginativen? Geisteswissenschaft hatten sie beide nicht, sonst hätte Schiller fortschreiten können dazu, seine Begriffe geisteswissenschaftlich zu durchdringen, und er würde dann etwas viel Realeres in seinen drei Seelenzuständen gefunden haben als die drei Abstraktionen, die er in den «Ästhetischen Briefen» hat. Goethe würde die Imagination ausgefüllt haben mit dem, was real aus der geistigen Welt herein spricht, und er hätte vordringen können zu den Gestaltungen des sozialen Lebens, die da bewirkt sein wollen aus der geistigen Welt herein, dem geistigen Glied des sozialen Organismus, dem goldenen König; dem staatlichen Glied des sozialen Organismus, dem silbernen König, dem König des Scheins; dem wirtschaftlichen Gliede, dem ehernen, dem kupfernen König.

Die Zeit, in der Schiller und Goethe zu diesen Einsichten, der eine in den «Ästhetischen Briefen», der andere im «Märchen», vorgedrungen sind, diese Zeit war noch nicht dazu angetan, weiterzudringen; denn um weiterzudringen muß man etwas ganz Bestimmtes einsehen. Man muß das einsehen, was eigentlich aus der Welt würde, wenn man den Weg Schillers nun weitergehen würde bis zur vollen Ausgestaltung des Unpersönlich-Verstandesmäßigen. Das 19. Jahrhundert hat es ja zunächst in der Naturwissenschaft ausgebildet, dieses Unpersönlich-Verstandesmäßige, und die zweite Hälfte des 19. Jahrhunderts hat angefangen, es in den äußeren öffentlichen Angelegenheiten verwirklichen zu wollen. Da liegt aber ein bedeutsames Geheimnis vor. Im menschlichen Organismus wird fortwährend das, was aufgenommen wird, auch zur Zerstörung geführt. Wir können nicht fortwährend bloß essen, wir müssen auch ausscheiden, es muß das, was wir als Stoff aufnehmen, auch einem Niedergang entgegengehen, das muß auch zerstört werden, muß wiederum heraus aus dem Organismus. Und das Verstandesmäßige ist dasjenige, welches, sobald es – und hier kommt eine Komplikation – das wirtschaftliche Leben ergreift, im Einheitsstaat, im gemischten König, dieses Wirtschaftsleben zerstört.

Nun leben wir aber in der Zeit, in der sich der Verstand entwickeln muß. Wir können nicht im fünften nachatlantischen Zeitraum zur Entwickelung der Bewußtseinsseele kommen, ohne den Verstand zu entwickeln. Und die westlichen Völker haben ja gerade die Aufgabe, den Verstand in das Wirtschaftsleben hineinzutragen. Was bedeutet das? Wir können das moderne Wirtschaftsleben, weil wir es verständig gestalten müssen, nicht imaginativ gestalten, wie Goethe es in seinem «Märchen» gestaltet hat. Weil wir im Wirtschaftlichen den Weg weiter machen müssen, den Schiller nur getrieben hat bis zu dem noch persönlichen Aushauchen des Verstandesmäßigen, müssen wir ein Wirtschaftsleben gründen, das als Wirtschaftsleben, weil es eben verständig sein muß, im fünften nachatlantischen Zeitraum notwendig zerstörend wirkt. Es gibt im heutigen Zeitraum kein Wirtschaftsleben, das etwa imaginativ geführt werden könnte wie das Wirtschaftsleben des Orients oder noch das Wirtschaften des europäischen Mittelalters, sondern seit der Mitte des 15. Jahrhunderts haben wir nur die Möglichkeit, ein solches Wirtschaftsleben zu haben, das, wenn es allein da wäre oder mit den anderen Gliedern des sozialen Organismus vermengt ist, zerstörend wirkt. Es geht nicht anders. Daher betrachten wir dieses Wirtschaftsleben als die eine Waagschale, die tief heruntersinken würde und dadurch zerstörend wirken muß; es muß ein Gleichgewicht da sein. Daher müssen wir ein Wirtschaftsleben haben als das eine Glied des sozialen Organismus, und ein Geistesleben, welches jetzt eben das Gleichgewicht hält, immer wieder aufbaut. Hält man heute an dem Einheitsstaat fest, dann wird das Wirtschaftsleben, wie es im Westen der Fall ist, diesen Einheitsstaat mit dem Geistesleben aufsaugen, dann müssen aber solche Einheitsstaaten notwendig zur Zerstörung führen. Und wenn man bloß aus dem Verstande heraus wie *Lenin* und *Trotzkij,* einen Staat begründet, er muß zur Zerstörung führen, weil sich der Verstand bloß auf das Wirtschaftsleben richtet.

Das fühlte Schiller, indem er seinen sozialen Zustand ausdachte. Schiller fühlte: Gehe ich weiter in dem verstandesmäßigen Können, komme ich ins Wirtschaftsleben hinein, so muß ich den Verstand auf das Wirtschaftsleben anwenden. Dann schildere ich nicht dasjenige, was wächst und gedeiht, dann schildere ich dasjenige, was in der Zerstörung lebt. – Schiller zuckte zurück vor der Zerstörung. Er hielt gerade an dem Punkt, wo die Zerstörung anbrechen würde; da blieb er stehen. Die Neueren denken alle möglichen sozialen wirtschaftlichen Systeme aus, wissen nur nicht, weil sie ein zu grobes Gefühl dazu haben, daß jedes wirtschaftliche System, das sie so ausdenken, zur Zerstörung führt, unbedingt zur Zerstörung führt, wenn es nicht jederzeit wiederum erneuert wird durch das selbständige, sich entwickelnde Geistesleben, das immer wieder und wiederum sich zu dem Zerstören, zu dem Ausscheiden des Wirtschaftslebens verhält wie das Aufbauende. In diesem Sinne ist auch in meinen «Kernpunkten» das Zusammenwirken des geistigen Gliedes des sozialen Organismus mit dem Wirtschaftlichen geschildert.

Würde unter der modernen Verständigkeit des fünften nachatlantischen Zeitraums das Kapital bleiben bei den Menschen, auch dann, wenn sie nicht mehr es selber verwalten können, dann würde das Wirtschaftsleben selber den Kreislauf des Kapitals bewirken; Zerstörung müßte kommen. Da muß das geistige Leben eingreifen, da muß über das geistige Leben hinüber das Kapital an denjenigen gebracht werden, der wieder bei seiner Verwaltung dabei ist. Das ist der innere Sinn der Dreigliederung des sozialen Organismus, daß auch in dem richtig gedachten dreigliedrigen sozialen Organismus man sich keiner Illusion hingibt, daß das wirtschaftliche Denken in der modernen Zeit ein zerstörendes Element ist, und daß daher fortwährend ihm entgegengesetzt werden muß das aufbauende Element des geistigen Gliedes des sozialen Organismus.

Mit jeder neuen Generation, mit den Kindern, die wir in der Schule unterrichten, wird uns von der geistigen Welt etwas gegeben, etwas heruntergeschickt; das fangen wir auf in der Erziehung, das ist etwas Geistiges, das einverleiben wir wiederum dem Wirtschaftsleben und verhüten dessen Zerstörung; denn das Wirtschaftsleben, durch sich selbst seinen Gang gehend, zerstört sich. So muß man hineinsehen in das Getriebe. So muß man sehen, wie am Ende des 18. Jahrhunderts Goethe und Schiller dastanden, Schiller sich sagte: Ich muß zurückzucken, ich darf keinen sozialen Zustand schildern, der bloß an den persönlichen Verstand appelliert, ich muß mit dem Verstand innerhalb des Persönlichen bleiben, sonst würde ich die wirtschaftliche Vernichtung schildern –, Goethe: Ich will nicht die schwärmerischen, ich will die scharf konturierten Bilder; denn würde ich eine Strecke weitergehen, ich käme hinein in einen Zustand, der nicht auf der Erde ist, der nicht eingreift schlagkräftig in das Leben selber; ich würde wie etwas Unlebendiges das Wirtschaftsleben unter mir lassen, würde ein Geistesleben begründen, das nicht eingreifen kann in die Tatsachen des unmittelbaren Lebens.

So sehen wir, daß wir im richtigen Goetheanismus leben, wenn wir nirgends bei Goethe stehenbleiben, sondern überall mitmachen die Entwickelung, die ja wohl Goethe selber mitgemacht hat seit dem Jahre 1832. Ich habe auch dieses, daß das Wirtschaftsleben fortwährend heute in seine eigene Zerstörung hineinarbeitet und fortwährend der eigenen Zerstörung entgegengearbeitet werden muß, wie der Zerstörung des Menschen durch das Essen entgegengearbeitet werden muß, ich habe auch das an einer bestimmten Stelle in meinen «Kernpunkten der sozialen Frage» angedeutet. Nur liest man die Sachen nicht ordentlich, sondern man denkt, dieses Buch sei auch so geschrieben, wie etwa heute die meisten Bücher geschrieben sind, daß man, nun ja, einfach so durchlesen kann. Es will eben jeder Satz bei einem solchen, aus dem Praktischen heraus geschriebenen Buche durchaus bedacht sein.

Aber wenn man diese beiden Dinge nimmt: Schillers «Ästhetische Briefe» sind wenig verstanden worden in der Folgezeit, ich habe davon öfter gesprochen, man hat sich wenig mit ihnen beschäftigt; es würde sonst das Studium der Schillerschen «Ästhetischen Briefe» ein guter Weg sein zum Hineinmünden in das, was Sie finden in meiner Schrift «Wie erlangt man Erkenntnisse der höheren Welten?»; dazu könnten Schillers «Ästhetische Briefe» die Vorbereitung sein. Und wiederum könnte Goethes «Märchen von der grünen Schlange und der schönen Lilie» die Vorbereitung sein, um jene Art der Geisteskonfiguration sich anzueignen, die nicht aus dem bloßen Verstande, sondern aus tieferen Kräften heraus kommen kann, und die dann so etwas wie die «Kernpunkte der sozialen Frage» wirklich verstehen könnte. Denn sowohl Schiller wie Goethe empfanden das Tragische der mitteleuropäischen Zivilisation. Gewiß, die Dinge waren ihnen nicht bewußt, aber sie empfanden sie. Beide empfanden – man kann das nachlesen bei Goethe überall in den Gesprächen mit Eckermann, mit dem Kanzler von Müller, in den zahlreichen anderen Andeutungen Goethes –: Wenn nicht etwas heraufkommt wie ein neuer Einschlag aus dem Geistigen, wie ein neues Begreifen des Christentums, dann muß es abwärts gehen. – Vieles, was Goethe an Resignation in seinen späteren Jahrzehnten dargelebt hat, beruht zweifellos auf dieser Stimmung.

Und diejenigen, die ohne die Geisteswissenschaft Goetheaner geworden sind, die fühlen, wie namentlich aus dem deutschen mitteleuropäischen Wesen gerade dieses eigentümliche Nebeneinanderwirken der Geister des Westens und der Geister des Ostens ersichtlich ist. Ich habe gestern gesagt: Innerhalb der mitteleuropäischen Zivilisation ist jener Ausgleich, den die Hochscholastik gesucht hat zwischen Vernunftwissenschaft und Offenbarung, auch zurückzuführen auf die Wirkungen der Geister des Westens und der Geister des Ostens. Wie das bei Schiller und Goethe zum Vorschein kommt, wir haben es heute gesehen. Aber im Grunde genommen schwankt die ganze mitteleuropäische Zivilisation in diesem Wirbel drinnen, in dem der Osten und der Westen durcheinanderwirbeln; vom Osten herüber die Sphäre des goldenen Königs, vom Westen herüber die Sphäre des kupfernen, vom Osten herüber die Weisheit, vom Westen herüber die Gewalt und in der Mitte dasjenige, was Goethe im silbernen König darstellt, der Schein, der sich nur schwer durchdringt mit Wirklichkeit. Das Scheinhafte der mitteleuropäischen Zivilisation, es lag als tragische Stimmung auf dem Untergrunde der Goetheschen Seele. Und *Herman Grimm* hat in schöner Weise aus seinem Goethe-Empfinden heraus – er hat ja als ein Mensch, der eben auch von der Geisteswissenschaft unberührt war, Goethe angesehen –, er hat als ein solcher Geist charakterisiert, wie diese mitteleuropäische Zivilisation in sich hat dieses Hineingetriebensein in den Wirbel der Geister des Ostens und der Geister des Westens, was dazu führt, den Willen nicht zu seinem Rechte kommen zu lassen, und was zu der ewig schwankenden Stimmung der deutschen Geschichte geführt hat. Schön sagt Herman Grimm gerade über diese Dinge: «Die deutsche Geschichte ist für Treitschke das unablässige Streben nach geistiger und staatlicher Einheit und auf dem Wege zu ihr das unablässige Dazwischentreten unserer eigensten angeborenen Eigenschaften.» So sagt Herman Grimm, sich selber als Deutscher fühlend. Er sagt weiter: «Immer dieselbe Art unserer Natur, sich zu widersetzen, wo man nachgeben sollte, und nachzugeben, wo Widerstand nötig war. Das wunderbare Vergessen des eben erst Vergangenen, das plötzliche Nichtmehrwollen des eben noch heftig Erstrebten, die Mißachtung der Gegenwart, aber die feste, doch unbestimmte Hoffnung. Dazu der Hang, sich dem Fremden hinzugeben und, wenn dies einmal geschah, zugleich dann aber der unbewußte, maßgebende Einfluß auf die Ausländer, denen man sich doch unterwarf.»

Wenn man es heute mit mitteleuropäischer Zivilisation zu tun hat und mit ihr etwas erreichen möchte, so weht einem überall diese Tragik entgegen, die die ganze Geschichte dieses Deutschen, Mitteleuropäischen, zwischen dem Westen und Osten verrät. Auch heute ist es überall noch so, daß man mit Herman Grimm sagen könnte: Der Drang, sich zu widersetzen, wo man nachgeben sollte, und nachzugeben, wo Widerstand nötig ist.

Das ist dasjenige, was von dem schwankenden Mittleren herrührt, von dem, was zwischen Wirtschaft und aufbauendem Geistesleben als das rhythmische Hin- und Herschwanken des Staatlichen mitten drinnensteht. Weil in diesen Mittelländern gerade das staatlich-politische Element seine Triumphe gefeiert hat, deshalb lebt der Schein, der leicht zur Illusion werden kann. Schiller will nicht den Schein verlassen, indem er seine «Ästhetischen Briefe» hinschreibt. Er weiß, wenn es mit dem bloßen Verstande zu tun hat, dann kommt man in die Zerstörung des Wirtschaftslebens hinein; im 18. Jahrhundert wurde der Teil zerstört, der durch die Französische Revolution zerstört werden konnte; im 19. Jahrhundert würde es viel schlimmer werden. Goethe wußte, er darf nicht bis zum Schwärmerischen gehen, er muß im Imaginativen stehenbleiben. Aber es erzeugt sich auch sehr leicht bei diesem Schwanken zwischen dem einen und dem anderen in dieser Zweiheit, die in der wirbelnden Hin- und Herbewegung der Geister des Westens und des Ostens sich vollzieht, es erzeugt sich leicht eine illusionäre Stimmung. Es ist gleichgültig, ob diese illusionäre Stimmung im Religiösen, ob sie im Politischen, im Militärischen herauskommt, es ist schließlich ganz gleichgültig, ob der Schwärmer irgendwelche Mystik ausschwärmt, oder ob er so schwärmt, wie *Ludendorff* geschwärmt hat, ohne auf dem Boden der Wirklichkeit zu stehen. Und schließlich, auch in einer liebenswürdigen Weise kann einem das entgegentreten. Denn dieselbe Stelle von Herman Grimm, die ich Ihnen vorgelesen habe, fährt fort: «Man sehe doch heute: Niemand schien so völlig vom Vaterlande losgetrennt als der Deutsche, der zum Amerikaner geworden war, und heute steht das amerikanische Leben, in dem das unserer Auswanderer aufging, unter dem Einflusse des deutschen Geistes.»

So schreibt Herman Grimm, der geistvolle Mann, im Jahre 1895, wo man wirklich nur aus der schlimmsten Illusion heraus glauben konnte, daß die Deutschen, die nach Amerika gekommen sind, das amerikanische Leben deutsch nuancieren würden. Denn längst bereitete sich das vor, was dann im zweiten Jahrzehnt des 20. Jahrhunderts herauskam: daß eben das Amerikanische völlig überflutet hat das Wenige, was die Deutschen hineinbringen konnten.

Und schließlich, noch größer wird das Illusionshafte dieses Herman Grimmschen Ausspruches, wenn man folgendes ins Auge faßt. Herman Grimm tut diesen Ausspruch aus Goethescher Gesinnung heraus, denn er hat sich ganz an Goethe herangebildet. Nur, einen Einschlag hat er gehabt. Wer Herman Grimm genau kennt, seinem Stil nach, seiner ganzen Ausdrucksform nach, seiner Denkweise nach, der weiß,

Herman Grimm hat sehr viel von Goethe angenommen, nicht das Reale, Durchdringende Goethes; denn er schildert ja so, daß er eigentlich Schattenbilder schildert, nicht wirkliche Menschen. Aber er hat doch etwas anderes noch in sich, nicht bloß Goethe. Und was hat Herman Grimm in sich? Amerikanismus, denn dasjenige, was er in seinem Stile, seinen Gedankenformen außer von Goethe in sich hat, das hat er durch eine frühe Lektüre *Emersons* bekommen; und sogar seine Satzbildung, seine Gedankenführung ist dem Amerikaner Emerson nachgebildet.

So findet sich also Herman Grimm in dieser doppelten Illusion, in diesem Reiche des silbernen Königs des Scheins. Er wähnt, als schon alles herausgeworfen wird, was in Amerika deutscher Einfluß ist, daß Amerika germanisiert würde, während *er* einen guten Einschlag von Amerikanismus in sich trägt.

So drückt sich oftmals intim aus, was dann in der äußeren Kultur grob da ist. Da hat sich der grobe Darwinismus, die grobe wirtschaftliche Denkweise ausgebreitet, und würde schließlich, wenn nicht die Dreigliederung des sozialen Organismus kommt – weil eben das bloß verstandesmäßig konstruierte Wirtschaftsleben notwendig zum Ruin führen muß –, zum Ruin führen. Und derjenige, der aus diesem Wirtschaftsleben heraus denkt wie *Oswald Spengler,* der kann wissenschaftlich beweisen, daß mit dem Beginn des 3. Jahrtausends die heutige zivilisierte Welt – sie ist ja eigentlich heute nicht mehr so stark zivilisiert – in die wüsteste Barbarei wird versunken sein müssen. Denn Spengler weiß nichts von demjenigen, was diese Welt als Einschlag erhalten muß, von dem geistigen Einschlag.

Aber doch hat sich recht schwer durchzukämpfen, was als Geisteswissenschaft und als geisteswissenschaftliche Kultur vor die Welt heute nicht hintreten will, sondern hintreten muß. Und überall machen sich diejenigen geltend, die gerade diese Geisteswissenschaft nicht aufkommen lassen wollen. Und wenig tatkräftige Arbeiter sind im Grunde genommen noch auf diesem Boden der Geisteswissenschaft da, während die anderen, die in das Werk der Zerstörung hineinführen, durchaus tatkräftig sind.

Man braucht nur zu sehen, wie eigentlich der heutige Mensch schon ganz ratlos ist gegenüber dem, was im heutigen Zivilisationsleben auftritt. Es ist zum Beispiel charakteristisch, wie eine Zeitung der Ostschweiz Berichte gebracht hat über meine Vorträge über die Grenzen des Naturerkennens während des Hochschulkurses. Und jetzt hält in dem Ort, in dem die Zeitung erscheint, der Nachgackerer *Eduard von Hartmanns, Arthur Drews,* Vorträge, der niemals etwas anderes zustande gebracht hat, als daß er nachgegackert hat dem Eduard von Hartmann, dem Philosophen des Unbewußten. Bei dem ist es interessant. Bei dem Nachgackerer ist es natürlich etwas höchst Überflüssiges. Und diese an der Karlsruher Hochschule wirkende philosophische Hohlköpfigkeit, die macht sich jetzt auch über dasjenige her, was anthroposophisch orientierte Geisteswissenschaft ist!

Und wie steht der heutige Mensch – das möchte ich besonders hervorheben – vor diesen Dingen? Nun haben wir dem einen Gehör gegeben, nun geben wir auch dem anderen Gehör. Das heißt, dem heutigen Menschen ist alles egal. Und das ist das Furchtbare. Ob nun der heutige Nachgackerer des Eduard von Hartmann, Arthur Drews, etwas gegen die Anthroposophie hat oder nicht, darauf kommt es schon gar nicht an; denn das, was der Mann haben kann gegen Anthroposophie, kann man aus dessen Büchern durchaus vorher konstruieren, nicht ein einziger Satz braucht auszubleiben. Aber das Bedeutsame ist, daß die Menschen eigentlich auf dem Standpunkte stehen: Man hört das, man notifiziert das, und dann abgetan, dann Schluß! Ein wirkliches Eingehen auf die Sache braucht es ja nur, um auf den rechten Weg zu kommen. Aber der heutige Mensch will sich nicht erfassen lassen von einem rechten Eingehen auf die Sache. Das ist das ganz Furchtbare, das Schreckliche, das ist dasjenige, was die Menschen schon so weit getrieben hat, daß sie nicht imstande sind, noch zu unterscheiden zwischen dem, was von Realitäten spricht, und dem, was ganze Bücher schreibt, wie der Graf *Hermann von Keyserling,* in denen kein einziger Gedanke ist, sondern nur Worte, durcheinandergewürfelte Worte. Und sehnt man sich nach einem enthusiastischen Aufnehmen von irgend etwas, was ja von selbst dazu führen würde, daß das hohle Wortgeplänkel unterschieden würde von dem, was auf wirklich geistiger Forschung beruht, da findet man niemanden, der auch nur sich aufraffen, sein Herz zusammennehmen und ergriffen werden könnte von dem, was substantiell ist. Das haben die Leute verlernt, gründlich verlernt, namentlich in der Zeit, wo die Wahrheit nicht nach der Wahrheit entschieden worden ist, sondern wo unter die Menschen die große Lüge getreten ist, daß die einzelnen Nationalitäten in den letzten Jahren das wahr gefunden haben, was von ihnen ist, und falsch gefunden haben, was von einer anderen Nationalität ist. Das empörende Gegeneinander-Lügen, das ist im Grunde genommen Signatur des öffentlichen Geistes geworden. Wenn irgend etwas von einer anderen Nation gekommen ist, so war es das Unwahre; wenn es von der eigenen Nation gekommen ist, war es das Wahre. Es klingt heute noch nach, es ist heute schon in die Denkgewohnheiten hineingegangen. Dagegen ein wirkliches, unbefangenes Hingeben an das, was die Wahrheit ist, es führt zu einer Vergeistigung. Aber im Grunde ist das den Menschen heute noch egal.

Bevor sich nicht eine genügend große Anzahl von Menschen findet, die nun wirklich mit dem ganzen Herzen eintreten wollen für das, was geistige Substanz ist, kann nichts Heilsames aus dem heutigen Chaos herauskommen. Man glaube nur nicht, daß man mit der Galvanisierung des Alten irgendwie weiter vorschreiten könne. Dieses Alte, es gründet «Weisheitsschulen» auf bloße hohle Worte. Es hat die Universitätsphilosophie mit Arthur Drewsen versehen, die aber wahrhaftig überall vertreten sind, und die Menschheit will nicht Stellung nehmen. Ehe sie nicht Stellung nimmt auf allen drei Gebieten des Lebens, auf geistigem, auf politischem, auf wirtschaftlichem Gebiet, eher kann kein Heil hervorgehen aus dem heutigen Chaos, sondern es muß immer tiefer und tiefer hinuntergehen.

## FÜNFTER VORTRAG

Dornach, 29. Oktober 1920

Ich werde in diesen Tagen, heute, morgen und übermorgen, zu sprechen haben von dem, worauf ja vor längerer Zeit schon hingewiesen worden ist, auf die besondere Art, wie in der ersten Hälfte des 20. Jahrhunderts gewissermaßen eine Art von Wiederoffenbarung des Christus-Ereignisses stattfinden soll. Dazu wird einiges vorzubereiten sein, zunächst heute dadurch, daß ich versuchen werde, die Geistesverfassung der zivilisierten Welt noch einmal von einem gewissen Gesichtspunkte aus zu charakterisieren, und von diesem Gesichtspunkte aus darauf aufmerksam zu machen, welche Forderungen in bezug auf die Menschheitsentwickelung, die Menschheitserziehung im großen in der nächsten Zukunft durch die Tatsache dieser Menschheitsentwickelung selber gestellt werden.

Wir wissen ja, ein neues Zeitalter in der Entwickelung der zivilisierten Menschheit hat begonnen um die Mitte des 15. Jahrhunderts. Seit jener Zeit haben wir es zu tun mit einer besonderen Ausbildung des menschlichen Intellekts. Man macht sich heute nicht mehr genaue Vorstellungen von der Seelenverfassung, welche vorhanden war bei den Menschen, die vor diesem großen Wendepunkt der neueren Geschichte gelebt haben. Man bedenkt nicht, was es für eine andere Seelenverfassung gewesen sein muß, und man könnte es doch leicht bedenken, wie anders in Europa die Seelenverfassung gewesen sein muß, welche über weite Territorien hin die Menschen geneigt gemacht hat, die Kreuzzüge nach Asien hinüber, nach dem Orient zu unternehmen, wenn man sich vorstellt, wie unmöglich ein solches, auf idealspirituellen Hintergründen stehendes Ereignis seit der Mitte des 15. Jahrhunderts geworden ist. Man bedenkt nicht, welche ganz andersartigen Interessen die Menschheit vor diesem geschichtlichen Wendepunkt gehabt hat, und welche Interessen seit jener Zeit ganz besonders groß geworden sind. Aber wenn man unter den mancherlei Charakteristiken, die man geben kann von diesem neueren Zeitabschnitte, eine als die bedeutsamste hervorheben will, so ist es eben das Überhandnehmen, das immer Intensiverwerden der intellektuellen Kraft des Menschen.

Nun steht ja im Menschen immer eine andere Kraft, sei es als Sehnsucht, sei es als mehr oder weniger klare Bewußtseinstatsache, in dem Untergrunde der Seele. Es ist die Erkenntnissehnsucht. Man kann nun, wenn man zurückblickt in ältere Zeiten, selbst wenn man zurückblickt in das 11., 12., 13., 14. Jahrhundert europäischer Entwickelung, von einer deutlichen Erkenntnissehnsucht sprechen, insofern als dazumal der Mensch in seiner Seele Fähigkeiten hatte, welche ihn dazu brachten, ein Verhältnis zu gewinnen zu der Natur, zu dem, was die Natur an Geist offenbarte, und dadurch ein Verhältnis zur geistigen Welt selber. Gewiß, von Erkenntnissehnsuchten spricht man auch seither viel. Aber man kann, wenn man ganz unbefangen die Menschheitsentwickelung betrachtet, jene Erkenntnissehnsucht, die etwa heute herrscht, gar nicht vergleichen an Intensität mit der Erkenntnissehnsucht, die vor der Mitte des 15. Jahrhunderts herrschte. Es war eine intensive Angelegenheit der menschlichen Seele, nach Erkenntnis zu streben, nach einer solchen Erkenntnis, die auch etwas bedeutete an Glut, an innerer Wärme für den Menschen, die für diesen Menschen auch etwas bedeutete in bezug auf die Antriebe, die ihn dazu brachten, seine Arbeit in der Welt zu verrichten und so weiter. Mit alledem, was da an Erkenntnissehnsucht vorhanden war, läßt sich eben immer weniger und weniger vergleichen, was seit der Mitte des 15. Jahrhunderts heraufzieht. Und selbst wenn wir die großen Philosophen der ersten Hälfte des 19. Jahrhunderts in Betracht ziehen, geniale Ausgestaltungen des menschlichen Ideensystems bieten sie dar, aber eigentlich nur, ich möchte sagen, künstlerische Ausgestaltungen dieses Ideensystems; nicht eigentlich kommt bei ihnen, nicht bei *Fichte,* nicht bei *Schelling*, nicht bei *Hegel* – bei Hegel schon gar nicht – ein rechter Begriff vor von dem, was vorher an Erkenntnissehnsucht da war. Und dann in der zweiten Hälfte des 19. Jahrhunderts tritt die Erkenntnis, wenn sie auch noch nach alter Gewohnheit abgesondert gepflegt wird, mehr oder weniger in den Dienst des äußeren Lebens. Sie tritt in den Dienst der Technik und bekommt auch die Konfiguration dieser Technik. Woher kommt denn das alles? Ja, gerade davon rührt es her, daß wir in dieser neuesten Zeit die besondere Ausbildung des Intellektes zu verzeichnen haben. Gewiß ist das nicht auf einmal gekommen. Dieser Intellekt hat sich langsam vorbereitet. Die Nachklänge des alten hellseherischen Zustandes waren ja schon lange nur mehr höchst undeutliche. Aber man kann doch sagen: Bis zu einem gewissen Grade waren, wenn auch nicht der alte hellseherische Zustand selbst, so doch seine Nachklänge bis in das 15. Jahrhundert schon noch vorhanden. Die Menschen hatten alle, wenigstens diejenigen, die nach Erkenntnis strebten, eine Vorstellung von dem, was sich aus der menschlichen Seele heraushebt an höheren Fähigkeiten, als es die des alltäglichen Lebens sind. Wenn sich diese Fähigkeiten in alten Zeiten nur traumhaft herausgehoben haben aus der Seele, sie waren eben doch andere Fähigkeiten als die des gewöhnlichen Lebens, und man hat durch solche andere Fähigkeiten eindringen wollen in die Tiefe des Weltenwesens und ist gedrungen bis zur Geistigkeit dieses Weltenwesens. Und das gab dann die Erkenntnis. Als Erkenntnis empfand man es, wenn man aus den Naturerscheinungen, aus den Naturwesen heraus empfand, wahrnahm, wie geistig-elementare Wesenheiten durch die einzelnen Erscheinungen der Natur wirkten, wie da wirkte die göttlich-geistige Wesenheit im großen und ganzen durch die Totalität der Natur. Das empfand man als Erkenntnis, wenn Götter sprachen durch die Naturerscheinungen, wenn Götter sprachen durch die Wanderungen der Gestirne, im Erscheinen der Gestirne. Das verstand man unter Erkenntnis.

In dem Augenblick, in dem die Menschheit darauf verzichtete, das Geistige zu vernehmen aus den Erscheinungen der Welt, kam auch der Erkenntnisbegriff mehr oder weniger in einen Niedergang hinein. Und das Abnehmen der eigentlichen Erkenntnisintensität, das müssen wir verzeichnen für den neuesten Zeitraum der Menschheitsentwickelung.

Was ist da notwendig geworden? Das, was jetzt nur in dem kleinen Kreise anthroposophisch strebender Menschen vorhanden ist, was aber immer allgemeiner und allgemeiner werden muß. Ja, zu den alten Menschen haben die Naturerscheinungen so gesprochen, daß sie ihnen Geistiges offenbart haben. Aus jeder Quelle, aus jeder Wolke, aus jeder Pflanze hat Geistiges gesprochen. Die Menschen haben dadurch, daß sie in ihrer Art die Naturerscheinungen und Naturwesen kennenlernten, das Geistige kennengelernt. Das ist nun nicht mehr der Fall. Ein Zwischenzustand ist nur der Zustand des Intellektualismus. Denn dieser Intellektualismus, was hat er denn als seine tiefste Eigentümlichkeit? Daß man mit ihm, mit der reinen Intellektualität, überhaupt nichts erkennen kann. Der Intellekt ist nämlich gar nicht zum Erkennen da. Das ist der große Irrtum, dem sich der Mensch hingeben kann, daß der Intellekt zum Erkennen da sei. Erkennen werden die Menschen erst wiederum, wenn sie eingehen auf dasjenige, was der geisteswissenschaftlichen Forschung zugrunde liegt, was zum mindesten durch Imagination vermittelt wird. Erkennen werden die Menschen erst wiederum, wenn sie sich sagen: In alten Zeiten haben aus den Naturerscheinungen geistig-göttliche Wesenheiten gesprochen. Für den Intellekt sprechen sie nicht. Für die höheren, für die übersinnlichen Erkenntnisse werden zwar nicht die Naturerscheinungen unmittelbar sprechen, denn die Natur wirkt als solche stumm, aber es werden zu dem Menschen Wesenheiten sprechen, die ihm in Imaginationen erscheinen werden, die ihn inspirieren werden, mit denen er intuitiv vereinigt wird, und die er wiederum wird auf die Naturerscheinungen beziehen können. – So kann man sagen: In alten Zeiten ist dem Menschen durch die Natur das Geistige erschienen. In unserem Zwischenzustande hat der Mensch den Intellekt. Die Natur bleibt geistlos. Der Mensch wird sich hinaufschwingen zu einem Zustande, wo er wieder erkennen kann, wo ihm zwar die Natur nicht mehr vom Göttlich-Geistigen sprechen wird, wo er aber das Göttlich-Geistige in übersinnlicher Erkenntnis ergreifen wird, und wo er dadurch wiederum dieses Geistige auf die Natur wird beziehen können.

Das ist das Eigentümliche des alten orientalischen Geisteslebens, der alten orientalischen Erkenntnis, von der wir wissen, daß sie als Erbschaft weiterlebte in der abendländischen Zivilisation, daß die Orientalen in der Zeit ihrer Erkenntnisblüte in allen Naturerscheinungen zu gleicher Zeit ein Geistiges wahrgenommen haben, daß das Göttlich-Geistige eben durch die Natur gesprochen hat, sei es durch die niederen elementaren Wesenheiten in den einzelnen Dingen und einzelnen Erscheinungen, oder sei es, daß durch die ganze Natur das umfassende

Göttlich-Geistige gesprochen hat. Innerhalb der Erdenmitte hat sich dann später ausgebildet dasjenige, was unter dem juristisch-dialektischen Geiste stand. Aus dem heraus wurde ja die Intellektualität geboren. Der Mensch behielt die geistige Kultur als Erbschaft aus dem alten Orient. Und als man noch die letzte Sehnsucht hatte, aus dem Orient etwas zu erfahren – man hat auch etwas erfahren durch die Kreuzzüge, hat es nach Europa gebracht –, und nachdem man diese letzte Sehnsucht durch die Kreuzzüge gestillt hatte, da lagerte sich vor den Orient auf der einen Seite dasjenige vor, was *Peter der Große* stiftete, der die Reste der orientalischen Seelenverfassung gegen die europäische Seite hin vernichtete; auf der anderen Seite lagerten die Türken sich vor, die ja gerade in dem Beginne des Zeitabschnittes, den wir den fünften nachatlantischen nennen, in Europa ihre Herrschaft festsetzten. Es wurde gewissermaßen die europäische Bildung nach dem Orient hin abgeschlossen. Sie mußte sich weiter entwickeln. Sie konnte sich nur entwickeln unter dem Einflusse des juristisch-dialektischen Lebens, unter dem Einflusse des von Westen heraufkommenden Wirtschaftslebens und in dem dekadenten Fortgehen dessen, was man an Geistesleben vom Orient erhalten hatte, gegen den aber die Tore auf die Weise zugemacht worden waren, wie ich das charakterisiert habe. Damit ist ja auch vorbereitet worden der Zustand, in dem wir jetzt leben, wo wir darauf angewiesen sind, aus uns selbst heraus wiederum die Tore zur geistigen Welt zu eröffnen, durch Imagination und Inspiration und Intuition zur Anschauung der geistigen Welt zu kommen.

Die ganze Sache hängt damit zusammen, daß in jenen alten Zeiten, in denen der orientalische Mensch zu seinen Erkenntnissen aufstieg, dasjenige besonders wichtig war, was an Fähigkeiten, an Kräften der Mensch durch die Geburt in das physische Dasein hereintrug. Im Grunde genommen lag in diesen Zeiten der orientalischen Weisheit, trotz dem, was da als Zivilisation sich abspielte, weisheitdurchleuchtet war, es lag in diesen orientalischen Zeiten alles im Blute; aber das, was im Blute lag, war zu gleicher Zeit geistig anerkannt. Aus den Mysterien heraus wurde bestimmt, wer durch seine Blutsabstammung zur Menschenführerschaft berufen war. Da gab es keinen Widerspruch. Derjenige, der zur Menschenführerschaft aus den Mysterien heraus berufen war, war gewissermaßen dadurch auf seinen Platz gestellt, daß seine Blutsabstammung das äußere Zeichen war. Da gab es keinen irgendwie gearteten juristischen Nachweis, ob irgend jemand richtig an seinen Platz gestellt sei, denn gegen den Götterausspruch, nach welchem die Leute da an ihre Plätze gestellt wurden, gab es keinen Einspruch. Die Jurisprudenz kannte man nicht im Orient. Theokratie, gewiß, Weltenregiment kannte man. Von der geistigen Welt herunter war dem Menschen seine Mission hier in der Sinneswelt angewiesen. An die Stelle dessen, was man empfand, indem man sich sagte: Ein Mensch, der an seinen Platz gestellt ist, dessen Blutsabstammung die Götter so dirigiert haben, daß er an seinen richtigen Platz gestellt werden konnte –, an die Stelle dieser Empfindung trat die andere, die ein juristisch-dialektisches Kleid trug, aus der heraus man disputieren konnte aus Rechtsgründen heraus, ob irgend jemandem es zukam, an seiner Stelle zu stehen, das oder jenes zu tun und so weiter.

Die Art und Weise der Seelenverfassung – das bereitete sich schon aus dem Griechentum heraus vor, besonders aber aus dem Römertum heraus –, durch die man anfing in Mitteleuropa aus Begriffen, aus Dialektik heraus zu nehmen, was Rechtens ist, diese Seelenverfassung, ich habe es von den verschiedensten Gesichtspunkten schon ausgesprochen, die kannte allerdings der Orient nicht, die war ihm ganz fremd. Bei ihm handelte es sich darum, den Willen der Götter zu ergründen. Und da gab es keine Dialektik, darüber zu entscheiden, was die Götter wollten.

Aber jetzt stehen wir wiederum an einer Wende. Jetzt tritt in die Menschheit die Notwendigkeit herein, auch dieses Dialektisch-Juristische genauer ins Auge zu fassen. Denn ganz verstrickt mit diesem Zustande, der herausgekommen ist durch das Dialektisch-Juristische, ist schon das Wirtschaftliche, das wirtschaftliche Element, das vom Westen aus die Welt mit Hilfe der Technik erobert hat. Das Wirtschaftliche bildete ein untergeordnetes Element in den alten Kulturen, die ganz theokratisch waren, ganz Gott-Geistdurchdrungen waren. Da tat eben im wirtschaftlichen Leben der Mensch das, was sich von selbst ergab nach der Stellung und Würde, in die ihn die Götter hineingestellt hatten durch die Aussprüche der Mysterienweisen. Gewissermaßen eingefaßt in die Fäden des dialektisch-juristischen Lebens war nun das Wirtschaftsleben, das ja auch primitiv wieder anfing; denn als das Mittelalter, das sogenannte Mittelalter begann, hatten vor allen Dingen die Römer kein Geld mehr. Die Geldwirtschaft verlor sich allmählich, und in Europa breitete sich die dialektisch-juristische Kultur im Grunde genommen unter einer Art Naturalwirtschaft aus. Der erste Teil des Mittelalters war im Grunde genommen geldarm; daher kamen alle diejenigen Formen des Heereswesens herauf, die notwendig waren, weil man den Truppen kein Geld bezahlen konnte. Die Römer hatten ihre Truppen mit Geld entlöhnt. Im Mittelalter bildete sich das Lehenswesen aus, ein besonderer Soldatenstand bildete sich aus. Das alles, weil der selbst an die Scholle gebundene Mensch unter dem Einfluß der Naturalwirtschaft nicht weite Kriegszüge unternehmen konnte. Also in eine Art Naturalwirtschaft wuchs dieses Dialektisch-Juristische hinein, und erst als von Westen her die Technik dieses Wirtschaftsleben durchdrang, kam die neuere Zeit herauf. Dieses neuere Zivilisationsleben, das jetzt so brüchig wird, ist im Grunde genommen ganz und gar entstanden im fünften nachatlantischen Zeitraume durch die Technik. Ich habe das ja schon in der verschiedensten Weise ausgeführt. Ich habe ausgeführt, wie der äußeren Zählung nach auf unserer Erde am Ende des 19. Jahrhunderts eintausendvierhundert Millionen Menschen wohnten, daß aber eigentlich so viel Arbeit verrichtet wurde, als ob zweitausend Millionen Menschen da wohnten. Das ist aus dem Grunde, weil so ungeheuer viel Arbeit von Maschinen verrichtet wird. Die Maschinentechnik mit ihrer kolossalen Umgestaltung des Wirtschaftslebens, auch mit ihrer kolossalen Umgestaltung des sozialen Lebens ist heraufgezogen.

Noch nicht angekommen – eben weil das intellektuelle Leben noch alles überflutet –, ist dasjenige, was nun gerade die maschinelle Wirtschaftstechnik in die moderne Zivilisation hereintragen muß. Man kann in bezug auf das, was ja der Menschheit in Aussicht steht, heute die merkwürdigsten Erfahrungen machen. Es gibt heute schon viele Menschen, insbesondere auf dem Boden, wo sich die Leute Praktiker nennen, die zum Beispiel ihre Praxis in die Regierungsstellen hineintragen, wo dann diese Praxis gewöhnlich verduftet; das bißchen Praxis, das noch vorhanden ist, verduftet gewöhnlich, wenn die Leute ihre Praxis in die Regierungsstellen hineintragen. Bei solchen «regierenden Praktikern» oder «praktischen Regierern» – man muß das unter Gänsefüßchen heute sagen – entstehen heute sonderbare Ideen. So äußerte sich mir jemand vor kurzem: Ja, das neuere Zeitalter hat uns die Maschinen und damit das städtische Leben gebracht; wir müssen das Leben wiederum auf das Land hinausbringen. – Als ob man das Maschinenzeitalter aus der Welt schaffen könnte! Es werden einfach die Maschinen mit auf das Land hinausgehen, sagte ich dem Manne. Ich sagte ihm: Alles kann vergessen werden, die Geistkultur kann vergessen werden, aber die Maschinen werden bleiben, man wird einfach die Maschinen mit aufs Land hinausnehmen. Dasjenige, was in den Städten aufgegangen ist, wird sich aufs Land hinaus verpflanzen.

Die Leute werden eben im großen Stil Reaktionäre, wenn sie keine Neigungen mehr haben – und das ist überhaupt heute das Charakteristikum der Menschen, daß sie keinen Willen haben –, sich Ideen über den wahren Fortschritt zu machen. So möchten sie am liebsten alte Zustände wieder herbeiführen auf dem Lande draußen. Sie stellen sich vor, daß man das so machen kann. Sie glauben, daß man ausschalten kann, was die Jahrhunderte gebracht haben. Unsinn ist das! Aber diesen Unsinn lieben die Menschen heute ganz ungeheuer, weil sie zu bequem sind, das Neue zu erfassen, und sich mit dem Alten mehr zu helfen wissen. Das maschinelle Zeitalter ist heraufgezogen. Das zeigen zunächst die Maschinen, daß mit ihnen Menschenkraft erspart worden ist. Es müßten heute einfach fünfhundert Millionen Menschen das leisten, was die Maschinen leisten, wenn es durch Menschen geleistet werden sollte auf der Erde.

Und im Grunde genommen ist all dieses maschinelle Arbeiten in der abendländischen Zivilisation entstanden. Es ist in der abendländischen Zivilisation heraufgekommen, hat sich erst ganz spät nach dem Orient hingezogen, und ist da eben durchaus nicht in derselben Weise eingewöhnt, wie es in der abendländischen Zivilisation eingewöhnt ist. Aber das ist eine Übergangszeit. Und jetzt fassen Sie einen Gedanken, aber so sonderbar Ihnen der Gedanke erscheinen wird, fassen Sie ihn ernst: Nehmen wir an, der alte Mensch hatte eine Wolke, er hatte vielleicht einen Fluß, allerlei Gewächse und so weiter vor sich. Er sah darinnen nicht bloß dasjenige, was der heutige Mensch sieht, tote Natur; er sah darinnen geistige Elementarwesen, bis hinauf zu den göttlich-geistigen Wesenheiten der höheren Hierarchien. Das sah er gewissermaßen durch die Natur hindurch. Die Natur spricht eben nicht mehr von diesen göttlich-geistigen Wesen. Wir müssen sie als Geistiges erfassen, jenseits von der Natur, dann können wir es wiederum auf die Natur beziehen. Die Übergangszeit kam. Der Mensch schuf zu der Natur hinzu die Maschinen. Diese sieht der Mensch zunächst in aller Abstraktion an. Er wirtschaftet mit ihnen in aller Abstraktion. Er hat seine Mathematik, er hat seine Geometrie, seine Mechanik. Er konstruiert damit seine Maschinen und sieht sie so in aller Abstraktion an. Aber er wird sehr bald eine gewisse Entdeckung machen. So sonderbar es dem heutigen Menschen noch erscheinen mag, daß diese Entdeckung gemacht wird, der Mensch wird die Entdeckung machen, daß bei all dem Maschinellen, das er dem Wirtschaftsleben einverleibt, die Geister wieder wirken werden, die er früher in der Natur wahrgenommen hat. In seinen technischen Wirtschaftsmechanismen wird er wahrnehmen: er hat sie fabriziert, er hat sie gemacht, aber sie gewinnen ein eigenes Leben nach und nach, zunächst allerdings nur ein Leben, das er noch ableugnen kann, weil es sich im Wirtschaftlichen kundgibt. Aber er wird es immer mehr und mehr bemerken durch das, was er da selber schafft, wie das ein eigenes Leben gewinnt, wie er es, trotzdem er es aus dem Intellekt heraus geboren hat, mit dem Intellekt nicht mehr erfassen kann. Vielleicht kann man sich heute noch nicht einmal eine gute Vorstellung davon machen, dennoch wird es so sein. Die Menschen werden nämlich entdecken, wie ihre Wirtschaftsobjekte durchaus die Träger von Dämonen werden.

Sehen wir dieselbe Sache von einer anderen Seite her an. Aus dem bloßen Intellekt, aus dem ödesten Verstande heraus ist das Lenin-Trotzkijsche System entstanden, das ein Wirtschaftsleben in Rußland bauen will. Geistesleben, trotz *Lunatscharskij*, interessiert die Leute nicht. Das soll ja nur Ideologie aus dem Wirtschaftsleben sein. Daß gerade das Dialektisch-Juristische sehr stark ist im Trotzkij-Lenin-System, wird man ja nicht behaupten können. Aber auf das Wirtschaftliche soll alles hinorientiert sein. Man will den Intellekt gewissermaßen verkörpern im Wirtschaftsleben. Würde man es können eine Zeitlang – dieses erste Experiment wird gar nicht gehen –, aber nehmen wir an, man würde es können, dann würde einem das Wirtschaftsleben über den Kopf wachsen, dann würde das Wirtschaftsleben überall zerstörerische, dämonische Kräfte aus sich hervorbringen. Es würde nicht gehen, weil der Intellekt das nicht handhaben kann, was überall hervordringen würde an wirtschaftlichen Forderungen! So wie der alte Mensch auf die Natur und die Naturerscheinungen hingesehen hat und in ihnen Dämonisches gesehen hat, so muß der neuere Mensch lernen, bei dem, was er selber hervorbringt im Wirtschaftsleben, auf Dämonisches zu sehen. Vorläufig sind diese Dämonen, die die Leute nicht in die Maschinen abgeleitet haben, noch in die Menschen gefahren und machen sich als die zerstörenden in sozialen Revolutionen geltend. Nichts anderes sind diese zerstörenden sozialen Revolutionen als das Ergebnis der Nichtanerkennung des Dämonischen in unserem Wirtschaftsleben. Elementarische Geistigkeit muß im Wirtschaftsleben gesucht werden, wie in der Natur in alten Zeiten elementarische Geistigkeit gesucht worden ist. Und das bloße intellektuelle Leben ist nur ein Zwischenzustand, der überhaupt für die Natur und das, was der Mensch hervorbringt, keine Bedeutung hat, sondern nur für den Menschen selbst. Die Menschen haben den Intellekt ausgebildet, damit sie frei werden können. Die Menschen müssen gerade eine Fähigkeit ausbilden, die gar nichts zu tun hat weder mit der Natur noch mit der Maschine, sondern die nur mit dem Menschen selbst zu tun hat. Wenn der Mensch Fähigkeiten ausbildet, die zu der Natur in einem Verhältnis stehen, ist er ja nicht frei. Will er ins Wirtschaftsleben fliehen, ist er auch nicht frei, denn die Maschinen überwältigen ihn nur. Wenn er aber Fähigkeiten ausbildet, die weder mit der Erkenntnis noch mit dem praktischen Leben etwas zu tun haben, wie die reine Intelligenz, kann er sich die Freiheit im Laufe der Kulturentwickelung anerziehen. Gerade durch eine ohne in Beziehung zur Welt stehende Fähigkeit, wie der Intellekt es ist, könnte die Freiheit heraufkommen. Aber zu diesem Intellekt muß, damit der Mensch nicht abreißt von der Natur, damit er in die Natur wiederum herauswirken kann, wiederum die Imagination, muß alles dasjenige hinzukommen, was geisteswissenschaftliche Forschung finden will.

Dazu kommt noch ein anderes. Ich sagte schon, für den alten Orientalen waren von ganz besonderer Wichtigkeit die Blutsabstammungsverhältnisse; denn danach richteten sich als nach göttlichen Zeichen die Mysterienweisen, wenn sie den Menschen ihre Stellen anwiesen. Diese Dinge alle, die ragen dann noch wie Nachzügler, wie Gespenster in spätere Zeiten herein. Dann kam das dialektisch-juristische Element. Die Staatsabstempelung wurde das Wesentliche. Das Diplom, das Examensergebnis beziehungsweise das, was auf dem Papier vom Examensergebnis stand, das wurde das Wesentliche; während das Blut in den alten Zeiten der Theokratie das Ausschlaggebende war, wurde nun das Papier das Ausschlaggebende. Jene Zeiten rückten heran, welche man ja durch mancherlei gekennzeichnet findet; mir sagte einmal ein Rechtsanwalt bei einer Diskussion, die ich mit ihm hatte: Ja, darauf kommt es nicht an, daß Sie geboren sind, daß Sie da sind! – Das interessierte ihn nicht, sondern der Taufschein oder der Geburtsschein muß da sein; da muß es daraufstehen. Also das stellvertretende Papier! Das Dialektisch-Juristische, nicht wahr, das kam dann herauf. Das ist auch zugleich der Ausdruck für das Scheinhafte in bezug auf die Welt, für das Scheinhafte des Intellekts. Aber gerade im Menschen selbst konnte sich als das Gegenspiel dieses Scheinhaften für die Welt dasjenige entwickeln, was dem Menschen die Freiheit gab.

Nun aber entwickelt sich heraus aus dem, was ja das Papier bedeutet – was früher das Blut bedeutet hat –, was Adelsbrief oder sonst dergleichen Papier bedeutet, aus dem bildet sich das heraus, was heute schon sich zeigt, was aber bleiben wird, wenn die Dinge weitergehen, und sie werden weitergehen. Die Blutsabstammung wird keine Bedeutung mehr haben, der Adelsbrief oder etwas Ähnliches wird keine Bedeutung mehr haben, sondern höchstens noch das, was der Mensch nun sich an Besitz gerettet hat aus den alten Zeiten. Ein Warum war nicht möglich, als die Götter noch des Menschen Platz auf der Welt bestimmten. Über das Warum konnte man diskutieren im juristisch-dialektischen Zeitalter. Nun hört alles Diskutieren auf, denn das rein Faktische liegt nur noch da, das Tatsächliche, das, was sich der Mensch noch gerettet hat. In dem Augenblicke, wo man gar nicht mehr an das Papier glauben wird, wird man auch nicht mehr diskutieren, sondern wird die Sachen einfach wegnehmen, die sich der Mensch gerettet hat. Da gibt es nichts anderes, da die Natur nicht mehr das Geistige offenbart, um die Menschheit überhaupt weiterzubringen, als eine Umkehrung zu vollziehen zum Geistigen selbst hin. Und auf der anderen Seite in dem Wirtschaftlichen selber dasjenige zu finden, was man früher in der Natur gefunden hat.

Das aber läßt sich nur finden durch die Assoziation. Was der einzelne Mensch nicht mehr finden kann, kann die Assoziation finden, die wiederum eine Art Gruppenseele entwickeln wird, die auf dasjenige gehen wird, was jetzt nicht der einzelne entscheidet. Im mittleren Zeitalter, im Zeitalter des Intellektes war der einzelne der Wirtschafter, in der Zukunft wird es die Assoziation sein. Und in der Assoziation müssen die Menschen zusammenstehen. Da kann dann wiederum, wenn man anerkennt, daß ein Geistiges gebändigt werden muß im Wirtschaftsleben, etwas herauskommen, was Blutsabstammung und Patent ersetzen kann. Denn dem Menschen würde das Wirtschaftsleben über den Kopf wachsen, wenn er ihm nicht gewachsen wäre, wenn er nicht Geistiges mitbrächte, um dieses Wirtschaftsleben zu leiten. Keiner wird sich mit einem anderen assoziieren, wenn der andere nichts mitbringt, was ihn tüchtig macht im Wirtschaftsleben, was ihn berechtigt, die Geister wirklich zu bändigen, die sich im Wirtschaftsleben geltend machen. Ein ganz neuer Geist wird heraufziehen. Und warum wird das sein?

Ja, in jenen alten Zeiten, in denen man nach dem Blute geurteilt hat, da war wichtig für die Menschen dasjenige, was vor der Geburt beziehungsweise vor der Empfängnis sich abgespielt hatte, denn das brachten sie durch das Blut herein in die physische Welt; wenn auch vergessen worden war das vorgeburtliche Leben, in der Anerkennung der Blutsabstammung lebte noch fort diese Anerkennung des vorgeburtlichen Lebens. Dann kam das Dialektisch-Juristische. Der Mensch wurde nur anerkannt in bezug auf das, was er als physischer Mensch auslebte. Jetzt ragt herein das andere, das dämonisch werdende Wirtschaftsleben. Jetzt muß auch wiederum anerkannt werden der Mensch nach seinem geistig-seelischen Kern, und ebenso, wie man hinsehen wird auf das Dämonische des Wirtschaftslebens, wird man anfangen müssen, hinzusehen auf das, was der Mensch durch die wiederholten Erdenleben trägt. Man wird hinzusehen haben auf das, womit er hereinkommt in dieses Leben. Das wird man in dem geistigen Teil des sozialen Organismus zu lösen haben. Wenn man nach dem Blute urteilt, braucht man im Grunde genommen gar keine Pädagogik, sondern nur eine Erkenntnis eben des Symbolischen, durch das die Götter ausdrükken, wo sie einen Menschen hingestellt sein lassen. Solang man bloß juristisch-dialektisch urteilt, braucht man eine abstrakte Pädagogik, eine Pädagogik, die im Allgemeinen von dem Menschenkinde spricht. Wenn man aber den Menschen hineinstellen soll in das assoziative Leben, so daß er drinnen tüchtig ist, dann muß man das Folgende berücksichtigen, dann muß man sich zunächst klar sein: Die ersten sieben Jahre, in denen der Mensch seine physische Leiblichkeit entwickelt, die sind nicht bedeutsam für das, was er später im sozialen Leben leisten kann; er muß nur im allgemein-menschlichen Sinne tüchtig gemacht werden. In der Zeit vom siebenten bis vierzehnten Jahre, in der eigentlich der Ätherleib seine Ausbildung erlangt, da muß zunächst der Mensch erkannt werden; es muß das erkannt werden, was dann mit dem vierzehnten, fünfzehnten Jahre herauskommt als astralischer Leib, und was in Betracht kommt, wenn der eigentliche geistig-seelische Wesenskern des Menschen ihn hinstellen soll an den Platz, an dem er stehen soll. Da wird der Erziehungsfaktor ein besonderer sozialer Faktor. Da handelt es sich darum, daß nun wirklich aus der Erkenntnis des Kindes, das man heranerzieht, sich ergeben kann: Das taugt für das, dies taugt für jenes, und das zeigt sich klar nicht früher als gerade in dem Momente, wo das Kind aus der Volksschule entlassen wird. Und es wird hinzugehören zur künstlerischen Pädagogik und Didaktik, die Entscheidung treffen zu können: Der eine ist zu dem, der andere ist zu jenem geeignet. Darnach werden jene Entscheidungen getroffen werden, welche in den «Kernpunkten der sozialen Frage» gefordert werden für die Zirkulation des Kapitals, das heißt der Produktionsmittel. Eine ganz neue geistige Anschauung muß heraufkommen, die erstens das Wirtschaftsleben in seiner inneren geistigen Lebendigkeit durchschaut und auf der anderen Seite weiß, welche Rolle das Geistesleben spielen muß, wie das Geistesleben das Wirtschaftsleben konfigurieren muß. Das kann nur sein, wenn das Geistesleben selbständig ist, wenn das Wirtschaftsleben ihm nicht irgend etwas aufdrängt. Gerade wenn man innerlich erfaßt den ganzen Gang der Menschheitsentwickelung, dann erkennt man, wie diese Menschheitsentwickelung die Dreigliederung des sozialen Organismus fordert.

Also wir brauchen wiederum, weil uns auf der einen Seite die Türkei, auf der anderen Seite der Petrinismus Peters des Großen durch die neuere Zeit abgeschlossen haben von dem Orient, wir brauchen ein selbständiges Geistesleben, ein Geistesleben, das wirklich die geistige Welt erkennt in einer neuen Form, nicht so, wie es in alten Zeiten der Fall war, wo man die Natur zu sich sprechen ließ. Man wird dann dieses Geistesleben auf die Natur beziehen können. Man wird aber auch dieses Geistesleben, nachdem man es gefunden hat, so in dem Menschen heranbilden können, daß es zum Inhalt seiner Geschicklichkeiten wird, daß er durch dieses Geistesleben im assoziativen Zusammenwirken das immer lebendiger und lebendiger werdende Wirtschaftsleben befriedigt. Diese Gedanken, die müssen eigentlich sein in einer anthroposophisch orientierten Geisteswissenschaft. Daher kann eine solche Geisteswissenschaft nur herausgeboren sein aus einer Erkenntnis des Ganges der Menschheitsentwickelung.

Das erste ist, daß hingesteuert werden muß zu einem wirklichen Wissen von dem Geiste. Jenes allgemeine Reden von dem Geiste in leeren, abstrakten Worten, wie es heute die offiziellen Philosophen und andere Kreise beherrscht, und wie es auch populär geworden ist, das wird für die Zukunft nichts taugen. Die geistige Welt ist anders als die physische. Daher kann man nicht durch Abstraktion von der physischen Anschauung über die geistige Welt etwas gewinnen, sondern man muß durch unmittelbare Geistesforschung Anschauungen über die geistige Welt gewinnen. Die erscheinen selbstverständlich dann als etwas ganz anderes als das, was der Mensch wissen kann, wenn er nur von der physischen Welt weiß. Die Menschen, die nur von der physischen Welt wissen wollen aus Bequemlichkeit, die mögen es heute phantastisch nennen, wenn man von der Mondenzeit, von der Sonnenzeit, von der Saturnzeit spricht. Sie finden, da äußert man Ideen, wenn man von diesen vorhergehenden Verkörperungen der Erde spricht, die an nichts bei ihnen anschlagen. Da beschreibt man Dinge, von denen sie keinen Dunst haben. Es ist natürlich, daß sie keinen Dunst haben, denn sie wollen ja von der geistigen Welt nichts wissen. Nun wird ihnen von der geistigen Welt erzählt, und da finden sie: Ja, es stimmt mit nichts überein von dem, was wir schon wissen! – Darauf kommt es ja gerade an, daß Welten gefunden werden, die mit nichts stimmen, was man schon weiß. Nicht wahr, so ungefähr urteilt jener Philosophieprofessor wie zum Beispiel *Arthur Drews* über Geisteswissenschaft; das stimmt mit nichts von dem zusammen, was er sich schon vorgestellt hat. Ja, der Postmeister von Berlin hat auch, als die Eisenbahn von Berlin nach Potsdam gebaut werden sollte, gesagt: Nun soll ich noch nach Potsdam heraus Eisenbahnen fahren lassen! Ich lasse in der Woche vier Postkutschen hinausfahren, und da sitzt niemand drinnen. Wenn die Leute ihr Geld zum Fenster hinauswerfen wollen, so mögen sie es gleich direkt machen! – Natürlich haben die Eisenbahnen dann anders ausgeschaut als die Postkutschen des biederen Postmeisters von Berlin aus den dreißiger Jahren. Aber so sieht natürlich auch die Beschreibung der geistigen Welt anders aus als dasjenige, was in solchen Köpfen drinnen nistet, wie der Arthur Drews einer ist. Aber er ist nur charakteristisch für alle anderen, er ist sogar noch immer einer der Besseren, das muß man kurioserweise schon sagen, nicht weil er gut ist, sondern weil die anderen nämlich noch schlechter sind.

Es war zunächst eine Notwendigkeit, zu zeigen, wie man wirklich, ganz auf strengem Boden des Wissenschaftlichen stehenbleibend, in die geistige Welt vordringen kann. Das war ja zunächst, was unser Hochschulkursus in diesem Herbste angestrebt hat. Und es ist, wenn auch alles das im Anfange ist, doch zum mindesten gezeigt worden, wie auf gewissen Gebieten aus den Wissenschaften selbst hinaufgehoben werden kann das Erkennen zu dem Erkennen des Geistigen als solchem, und wie wiederum das Geistige dann durchdringen kann das, was die Sinneserkenntnis gewinnt.

Aber unvollständig würde bleiben, was so nach der Erkenntnisseite hin gewonnen werden kann, und was gegen die landläufigen

Bestrebungen der Schulwissenschaft doch errungen werden wird – denn darinnen zeigen sich die schönsten Anfänge; man konnte immerhin schon zeigen, wie Psychologie, ja selbst Mathematik hinaufweist in geistige Gebiete –, aber es würde etwas unvollständig getan werden, und deshalb doch nicht unserer zugrunde gehenden Zivilisation aufgeholfen werden können, wenn nicht ein wirklich elementares, ein wirklich intensives Wollen auch aus dem Gebiete herkommen würde, das man das Gebiet des praktischen wirtschaftlichen Lebens nennt. Das ist notwendig, daß wirklich die alten Usancen, die alten Gewohnheiten verlassen werden, und daß auch da durchdrungen werde das unmittelbare Leben mit der Geistigkeit. Das ist etwas, was eben als eine Blüte der anthroposophischen Bewegung kommen muß, daß herangetragen werde mit Hilfe jener Seelengesinnung, die aus Geisteswissenschaft hervorgehen kann, ein Durchschauen des praktischen Lebens, namentlich des praktischen wirtschaftlichen Lebens, und daß gezeigt werde, wie der Niedergang abgewendet werden kann, wenn man hineinträgt in dieses Wirtschaftsleben das Bewußtsein davon, daß man eigentlich etwas Lebendiges schafft.

Man sollte jeden Tag, möchte ich sagen, aufs neue hinblicken auf die so kraß hervortretenden Zeichen unseres niedergehenden Wirtschaftslebens. Galvanisieren läßt sich dieses alte Wirtschaftsleben nicht. Es läßt sich die Menschheit nur weiterbringen durch Schaffen neuer Wirtschaftszentren. Denn wie heute niemand stolz sein sollte auf das, was er aus der usuellen Wissenschaft heraus gewinnt – denn das würde die Menschheit durchaus in die von *Oswald Spengler* prophezeite Zukunft hineinbringen –, so sollte aber auch nicht jemand stolz sein auf das, was er aus dem alten Wirtschaftsleben heraus an einer diesem Wirtschaftsleben entsprechenden Tüchtigkeit gewinnen kann. Niemand kann heute stolz darauf sein, ein Physiker, ein Mathematiker, ein Biologe im usuellen Sinne zu sein. Aber niemand kann auch darauf stolz sein, ein Kaufmann, ein Industrieller im alten Sinne zu sein. Und dieser alte Sinn ist heute doch einzig und allein noch da. Wir sehen heute noch nirgends irgendwie etwas aufgehen, was wahrhaftige Assoziationen schon darstellen würde. Das wäre notwendig, daß, wenn wir wiederum, gewissermaßen als eine zweite Veranstaltung dieses Goetheanums, hier so etwas hätten, wie dieser Kursus jetzt gewesen ist, daß dann gesehen werden könnte etwas, was konkret ergriffen werden kann aus dem praktischen Leben heraus selber, neben den Wissenschaften stehend. Nicht durch dasjenige, was die eine Strömung bloß enthält, kommen wir weiter, sondern einzig und allein dadurch kommen wir weiter, daß nun wirklich auch diese andere Seite des Strebens sich zeigt.

Das ist heute noch das besonders charakteristische Kennzeichen unserer gegenwärtigen Menschheitsentwickelung: Auf der einen Seite die traditionellen Träger des alten Geisteslebens, die einen verketzern, verleumden, wenn man aus der modernen Wissenschaftlichkeit heraus eine Durchgeistigung anstrebt. Sie tun es heute schon ganz bewußt, weil sie kein Interesse haben für den Fortgang der Menschheitsentwickelung, und weil sie zunächst nur daran denken, diese Menschheitsentwickelung zurückzuhalten. Sie tun es manchmal in so grotesker Weise wie jener sonderbare Gelehrte, der neulich auch über Anthroposophie in Zürich gesprochen hat, und der so kraß geredet hat, daß es selbst seinen Amtsgenossen zu toll geworden ist, so daß, wie es scheint, eine Art kleiner Reklame gerade aus dieser Bekämpfung der Anthroposophie geworden ist. Aber sie tun es; sie werden es noch viel mehr tun, denn sie werden mit ganz großen Verleumdungen aufrücken. Da sieht man eben das, um was es sich handelt, in Form von Verleumdungen und so weiter auftreten, in Form des Unwahren.

Auf der anderen Seite ist heute noch ein starker Widerstand zu bemerken, der aber im Grunde im Unbewußten spielt. Und das ist ein schmerzliches Erlebnis; da, auf diesem Gebiete, ist durchaus zu sprechen von einer inneren Opposition, die zuweilen gar nicht so gemeint ist, gegen das, was eigentlich in der Richtung des geisteswissenschaftlichen Strebens liegen muß. Es wird sich darum handeln, daß gerade auf diesem Gebiete gelernt werden muß ein volles Mitgehen mit dem, was Geisteswissenschaft da wollen kann. Denn die Beurteilung dessen, was aus dem Geisteswissenschaftlichen heraus gewollt werden muß, nach dem bisher üblichen Subjektiven, das würde ja auf diesem Gebiete genau dasselbe sein, was die Pfarrer und die anderen tun auf anderen Gebieten, indem sie Geisteswissenschaft verketzern. Das ist, was unsere anthroposophische Bewegung schwierig macht, daß im Grunde genommen gerade auf diesem Gebiete deutlich bemerkbar ist eine Art innerer Opposition. Man kann schon sagen, gerade auf diesem Gebiete zeigt sich am klarsten, was in so merkwürdiger Weise gewisse Anschuldigungen beleuchtet, die von mancher Seite kommen. Da wird gesagt: In dieser Anthroposophischen Gesellschaft, da sprechen ja alle doch nur dem einen nach, – und in Wirklichkeit sprechen sie gar nicht nach, sondern das, was jeder selber meint, das sagt er, daß der eine es möchte. Das haben wir ja so vielfach erfahren, nicht wahr? Was einer gerade möchte, davon sagt er sehr häufig, daß ich es ihm gesagt habe, wenn er auch genau das Gegenteil von mir gehört hat. Das ist der nun wirklich herrschende Autoritätsglaube. Sonderbarer Autoritätsglaube! Es hat sich ja das in vielen Fällen gezeigt. Aber von einer besonderen Schädlichkeit wäre, wenn dieses, was ja eine merkwürdige Art von Opposition ist – Opposition hat es ja eigentlich in Wirklichkeit immer mehr gegeben als Autoritätsglaube, und daher ist die Beschuldigung des Autoritätsglaubens wirklich eine recht ungerechte –, noch verhängnisvoller wäre es, wenn das, was ich hier andeute als innere Opposition, gerade auf dem Gebiete des praktischen Lebens weitere Dimensionen annehmen würde. Denn dann würden, solange es noch geht, selbstverständlich die Gegner des anthroposophischen Strebens sagen: Na ja, eine sektiererisch phantastische Bewegung, die doch nicht praktisch sein kann. – Sie kann natürlich nicht praktisch sein, wenn die Praktiker sich nicht auf sie einlassen, geradesowenig wie man schließlich nähen kann, wenn man keine Nadel hat, wenn man es noch so gut versteht, das Nähen.

Ich möchte dadurch nur auf etwas hindeuten, was notwendig zu beachten ist. Ich spreche damit nicht eine Kritik aus, deute überhaupt auf nichts Vergangenes hin, sondern ich deute auf etwas hin, was für die Zukunft notwendig ist. Allerdings, ich würde selbstverständlich nicht hindeuten, wenn ich nicht allerlei Rauchwolken heraufsteigen sehen würde. Aber ich deute wirklich nur auf etwas hin, was gewissermaßen als eine Aufforderung zu gelten hat, nun wirklich von allen Seiten mitzuarbeiten und ja nicht hinter die reaktionäre Praxis sich zu verschanzen und hinter den Schanzen der reaktionären Praxis Anthroposophie, trotzdem man ihr vielleicht aufhelfen will, im Grunde genommen zu vernichten. Also nicht auf irgend etwas, was schon geschehen ist, deute ich hin, sondern auf dasjenige deute ich hin, was für die Zukunft notwendig ist. Es ist schon notwendig, daß man über diese Dinge nachdenkt.

Ich werde es heute bei diesen Bemerkungen müssen bewenden lassen. Wir werden dann an diese Vorrede, von der Sie schon sehen werden, daß sie doch eine Einleitung ist zu der Christus-Betrachtung für das 20. Jahrhundert, morgen und übermorgen anzuknüpfen haben.

# SECHSTER VORTRAG

Dornach, 30. Oktober 1920

Soll das Verständnis für dasjenige, was man nennen kann die Wiedererscheinung des Christus, in der richtigen Art in der Seele Platz greifen, dann ist nötig, daß man sich ein vorbereitendes Verständnis verschafft für den Gang, den die Christus-Idee, die Christus-Vorstellung im Laufe der Menschheitsgeschichte genommen hat. Wir erinnern uns, daß die Menschheitsentwickelung von einer Seelenverfassung ausgegangen ist, die wir oft genannt haben eine Art instinktiver Anschauung, eine Hellsichtigkeit, welche dumpf, traumhaft war. Nun haben wir ja zu wiederholten Malen die verschiedenen Epochen der Menschheitsentwickelung so charakterisiert, daß wir die entsprechende Form dieser Seelenverfassungen in die Zeiten hineingestellt haben.

Heute wollen wir uns daran erinnern, daß starke Reste des alten hellsichtigen Zustandes der Menschheit noch vorhanden waren in der Zeit, als das Mysterium von Golgatha geschah. Das Mysterium von Golgatha hat man zunächst aufzufassen als eine Tatsache, aber als eine solche Tatsache, die ihrer Wesenheit nach niemals durchschaut werden kann mit dem Intellekt, der seit der Mitte des 15. Jahrhunderts die Seelenverfassung der modernen Zivilisation ausmacht, der aber sich schon vorbereitete seit der griechischen, der römischen Zeit. So daß man sagen kann: Während die griechische Geschichte abläuft, die römische Geschichte abläuft und das Mysterium von Golgatha sich auf der Erde vollzieht, sind noch starke Reste des alten Hellsehens unter vielen Menschen vorhanden. Andere Menschen haben dieses Hellsehen schon verloren, sind durchaus schon in den Anfängen der intellektuellen Entwickelung darinnen. Das war insbesondere bei den Römern der Fall. Und man kann daher sagen, daß seiner Wirklichkeit nach, seiner Wesenheit nach zunächst das Mysterium von Golgatha nur von denjenigen aufgefaßt werden konnte, die noch Reste des alten Hellsehens hatten. Es konnte beschrieben werden, es konnte das Symbol auch angedeutet werden bei denen, die solche Reste des alten Hellsehens nicht hatten. Dieses instinktive Hellsehen war insbesondere eine

Eigenschaft der alten orientalischen Bevölkerung, und im wesentlichen ist es auch in seinen Resten vorzugsweise bei den Orientalen vorhanden gewesen. Schließlich ist ja unter den Orientalen auch der Christus Jesus über die Erde gegangen. So daß aus den Resten alter orientalischer Weisheit zunächst das Mysterium von Golgatha verstanden worden ist. Als dann dieses Mysterium von Golgatha herüberwanderte nach dem Westen zu den Griechen, zu den Römern, da konnte man dasjenige übernehmen, was solche Leute sagten, welche aus den Resten des alten Hellsehens heraus noch verstanden hatten, was da eigentlich auf der Erde sich zugetragen hatte. Und damit auch eine Anschauung durch seelische Augenzeugenschaft vorhanden sei, erstand in Paulus durch eine besondere, im späteren Lebensalter erst eintretende Erleuchtung der Zustand eines solchen Hellsehens, in dem er, Paulus, sich überzeugen konnte von der Wahrheit, von der Echtheit des Mysteriums von Golgatha. Was Paulus sagen konnte aus seiner Überzeugung heraus, was diejenigen, die sich die Reste alten Hellsehens bewahrt hatten, aus der alten orientalischen Urweisheit heraus aufstellen konnten über das Mysterium von Golgatha, das konnte man dann übernehmen als Nachrichten, konnte es einkleiden in die Form des aufkeimenden Intellektes; aber eigentlich durchschauen konnte man mit diesem Intellekt zunächst das Mysterium von Golgatha nicht. Die Art und Weise, wie diejenigen, die noch Reste alten Hellsehens hatten, von dem Mysterium von Golgatha sprachen, die bezeichnete man als die gnostische. Und ich möchte sagen, die Form, vom Mysterium von Golgatha zu sprechen, so wie man es eben vermochte mit diesen Resten alten Hellsehens, das ist die christliche Gnosis. Auf die Art und Weise, wie ich es geschildert habe in meinem Buche «Das Christentum als mystische Tatsache», ist dann die Darstellung des Mysteriums von Golgatha auf die Nachwelt gekommen. Also das erste Verständnis des Mysteriums von Golgatha wurde erreicht durch diese Reste des alten Hellsehens, durch altes orientalisches instinktives Anschauen. Man möchte sagen, dieses alte orientalische instinktive Anschauen hat sich bis zu dem Mysterium von Golgatha in genügender Ausdehnung erhalten, damit auch noch eine wirkliche menschliche Auffassung dieses Mysteriums Platz greifen könne, ehe der Intellekt hereinbricht und das Verständnis für das Mysterium von Golgatha nicht mehr vorhanden sein kann. Wäre das Mysterium von Golgatha in der Zeit der Vollblüte des Intellekts gekommen, so hätte es auf die Menschheit selbstverständlich gar keinen Eindruck gemacht.

Nun also lebten die Mitteilungen von dem Mysterium von Golgatha in den Berichten der alten Hellseher, und im Grunde genommen – Sie wissen das ja aus meiner Darstellung im «Christentum als mystische Tatsache» – sind die Evangelien nichts weiter als solche durch Hellsehen gewonnene Nachrichten über das Mysterium von Golgatha. Nun aber breitete sich über die Menschheitsentwickelung jene Welle aus, die schon im Griechentum, wie ich Ihnen dargestellt habe, Wurzel gefaßt hat, welche vorzugsweise ihren Quell im Römertum hat, und die man bezeichnen kann als die Welle, welche die spätere Intellektualität vorbereitete, in der diese Intellektualität aber schon lebte. Es breitete sich aus das juristisch-dialektische Denken, dasjenige Denken, das dann auch zum staatlich-politischen Denken geführt hat. Das breitete sich vom Süden her aus, drang in jene Gegenden, in denen, wie ich Ihnen gestern gesagt habe, noch Naturalwirtschaft war, drang ein in die nördlichen Gebiete. Es bildete sich die mitteleuropäische Zivilisation, die zunächst, von Rom aus genährt, vorzugsweise im Zeichen der intellektualistischen, also eigentlich der juristisch-dialektischen Entfaltung der menschlichen Seele stand. Innerhalb alles dessen, was sich da abspielte, konnte man nicht mehr im Sinne der alten Geistigkeit das Mysterium selber anschauen, sondern man bekam eben die Berichte, man bekam die Tradition und kleidete das in die Form der Seelenverfassung, die man hatte. Man kleidete es immer mehr und mehr in die Dialektik. Durch das Römertum wurde das Mysterium von Golgatha eingekleidet in diese Dialektik. Aus dem, was christliche Gnosis war, was noch auf Schauen beruhte, bildete sich heraus die reine dialektische Theologie, die Hand in Hand ging mit der Einrichtung der europäischen Reichsgebilde, die dann später zu Staaten wurden. Aber das erste große Reich war eigentlich das verweltlichte Kirchenreich, das von römisch-juristischen Formen durchzogene Kirchenreich. Äußerlich haben sich ja viele Tatsachen abgespielt, welche zeigen, wie sich dieses juristisch-dialektische, politische Denken, in das sich das alte orientalische Schauen einkleidete, über Europa ausbreitete.

*Karl der Große* zum Beispiel wurde ein Lehensträger des Papstes. Seine Kaiserwürde war ihm vom Papste verliehen. Und wenn man die Ausbreitung der ganzen Herrschaft Karls des Großen studiert, so findet man auf der einen Seite unter den Kräften, durch die diese Herrschaft Karls des Großen sich ausbreitete, den kirchlich-theologischen Einfluß. Eine Art theokratischen Reiches breitete sich aus; aber das wird überall durchsetzt von den Formen des Juristisch-Dialektischen. Die Geistlichen sind die Beamten; sie bekleiden die Staatsämter, sie vereinigen in ihrer Person das politische Element mit dem kirchlichen Elemente. Das alte, auf Schauen beruhende geistige Leben, das den Geist überhaupt schon im Jahre 869 abgeschafft hatte, wie wir öfter besprochen haben, geht ganz und gar über in ein politisches Kirchenreich, das sich über den größten Teil der europäischen Territorien ausbreitete.

Sie kennen aus der Geschichte und aus dem, was ich hier schon dargestellt habe vom geisteswissenschaftlichen Standpunkte, wie dieses fortwährende Ineinanderfluten des Römisch-Kirchlichen und dessen, was mehr oder weniger sich wiederum losmachen wollte vom Römisch-Kirchlichen, gegeneinander kämpfte, und wie diese Kämpfe im Grunde genommen einen großen Teil der mittelalterlichen Geschichte bilden. Aber schauen muß man auf den gewaltigen Unterschied, der besteht zwischen der ganzen sozialen Struktur dieses mittelalterlichen Gebildes, das dann in die neueren Staaten aufging, und der sozialen Struktur des alten Orients, die durchaus durchgeistigt war von dem alten instinktiven Schauen und von alledem, was dieses Schauen im Gefolge hatte.

Woher kam denn eigentlich das, was der Inhalt des alten orientalischen Schauens war? Es kam, man kann nicht anders sagen, vom Angeborensein; denn diejenigen, die Mysterienweise waren, suchten eben zu ihren Schülern wiederum Menschen, die solche angeborenen Fähigkeiten hatten, daß sie zu diesem instinktiven Schauen kommen konnten. Man wählte aus der großen Masse der Menschen diejenigen aus, denen es im Blute lag, solches Schauen zu haben. Man war sich also klar darüber, daß einfach in den Menschen, die aus geistigen Welten als Kinder in diese physische Welt hereingesandt werden, Reste der Erlebnisse in den geistigen Welten mitkommen. Ich rede immer von den Zeiten, in denen das Mysterium von Golgatha herannahte oder schon da war. Mit dem einen kam weniger, mit dem anderen kam mehr herein. Ich möchte sagen, mit dem Blute kamen noch Nachklänge aus den Erlebnissen der geistigen Welten herein. Diejenigen, welche die allermeisten instinktiven Erinnerungen hatten an das Erleben vor der Geburt oder vor der Empfängnis, die waren die geeigneten Mysterienschüler. Sie konnten begreifen und schauen, beziehungsweise sie konnten durch begreifendes Schauen erkennen, was die Götter mit den Menschen für Absichten hatten, denn sie hatten das erlebt vor der Geburt, und sie hatten eine instinktive Erinnerung daran in diesem Erdenleben. Und sie wurden ausgesucht von den Mysterienweisen, von den Priestern, um nun wiederum vor die Menschheit hingestellt zu werden als diejenigen, die nun Zeugen waren für das, was die geistige Welt mit der physischen Welt will. Solche Menschen waren es, die zuerst reden konnten von dem Mysterium von Golgatha. Man kann sagen, es war das ein ganz anderes Hineinstellen des Menschen in die soziale Ordnung. Er wurde so hineingestellt in diese soziale Ordnung, wie die Mysterien erkannten, daß er von den Göttern selber da hineingestellt war.

An die Stelle der angeborenen Fähigkeiten durch die Blutwirkung trat nun jene mittelalterliche Welle, wo nichts mehr oder immer weniger in den Menschen war, wo jedenfalls in den maßgebenden Menschen nichts mehr war von dem, was durch die Geburt aus geistigen Welten in die physische Welt hereingebracht wird, wo nichts mehr als instinktive Erinnerung da war. Worauf konnte man also dasjenige begründen, was soziale Struktur unter den Menschen war? Worauf konnte man das im dialektisch-juristischen Zeitalter begründen? Man konnte es nur begründen auf Autorität. Die Autorität, welche vor allen Dingen die römischen Päpste für sich in Anspruch nahmen, diese Autorität war es, welche an die Stelle dessen trat, was erkennend die alten Mysterienpriester schauten als das von den geistigen Welten Herübergebrachte. Nach dem, was aus den geistigen Welten herübergebracht wurde, hatte man in alten Zeiten auch das entschieden, was im sozialen Leben geschehen soll. Jetzt konnte man das nur dadurch entscheiden, daß gewissen Leuten, also den römischen Päpsten, und in übertragener Bedeutung dann den einzelnen Lehensfürsten der römischen Päpste, den Königen und anderen Fürsten, eine gewisse Autorität auf Erden zugesprochen wurde, daß ihnen gewissermaßen durch juristische Rechtfertigung, durch formales Recht solch eine Autorität zugesprochen wurde. Die Menschen hatten jetzt zu befehlen, da die Götter nicht mehr befahlen. Und dieses: wer zu befehlen hatte, das mußte eben nur durch äußeres Recht festgelegt werden.

So kam das Autoritätsprinzip des Mittelalters herauf, und man kann sagen, in dieses Autoritätsprinzip wurde auch eingegliedert die ganze Anschauung von dem Mysterium von Golgatha, die man ja eben nur als Mitteilung empfing. Höchstens konnte man sie in Symbole kleiden, wo man aber nur Bilder hatte. Ein solches Symbol ist das Meßopfer mit dem heiligen Abendmahl, ist alles das, was der Christ in der Kirche erleben konnte. In dem Abendmahl hatte er unmittelbar gegenwärtig nach seiner Auffassung, was das Hereinkraften der Christus-Kraft in die physische Welt war. Daß diese Christus-Kraft für die Gläubigen hereinströmen konnte in die physische Welt, das wurde unter Autorität gestellt, das ging wiederum aus von den Weihen der römischen Kirche.

Aber das, was sich da als juristisch-dialektisch-römisches Element heraufentwickelte, das trug gewissermaßen in seinem Schoße auch seine andere Seite. Es trug wiederum den fortwährenden Protest in sich gegen die Autorität. Denn wenn alles auf Autorität gestellt ist, wie es im Mittelalter der Fall war, dann äußert sich im Menschen schon wiederum dasjenige, was zukünftig kommen soll: der innerliche Protest gegen die Autorität. Dieser innerliche Protest gegen die Autorität trat durch die verschiedensten geschichtlichen Erscheinungen zutage durch solche Leute wie *Wyclif, Hus* und so weiter, die sich auflehnten gegen das bloße Autoritätsprinzip, die den Christus aus ihrem Inneren heraus begreifen wollten, wozu die Zeit aber dazumal noch nicht da war. So daß man sich im Grunde genommen nur der Täuschung hingeben konnte, man begreife den Christus aus dem Inneren heraus.

Diejenigen, die noch in mittelalterlichen Zeiten als Mystiker auftraten, sprachen auch von dem Christus, aber sie hatten noch nicht das Christus-Erlebnis. Sie hatten doch im Grunde genommen nur die alten Nachrichten von dem Christus. Und immer stärker und stärker wurde diese Auflehnung gegen die Autorität. Dadurch wurde auch natürlich immer stärker der Drang, diese Autorität zu befestigen. Und die stärkste Aufwendung von Kraft, um diese Autorität zu befestigen, um gewissermaßen das, was von dem Mysterium von Golgatha ausgeht, nur auf Autorität zu stellen, gewissermaßen so auf Autorität zu stellen, daß es ewig nur auf Autorität sein könne, das ist dann der Jesuitismus. Der Jesuitismus hat nichts mehr von dem Christus. Der Jesuitismus enthält in sich schon die ganze volle Auflehnung gegen das erste Verständnis des Christus. Das erste Verständnis war eben mit den Resten des orientalischen Hellsehens in der Gnosis geschehen. Der Jesuitismus nahm nur das Intellektuell-Dialektische in sich auf, er wies zurück das Christus-Prinzip. Er bildete keine Christologie aus, er bildete eine Kampflehre für den Jesus aus, eine Jesulogie. Wenn auch der Jesus angesehen wurde als etwas über alle Menschen Hinausragendes, so sollte aber doch dasjenige, was durch den Jesuitismus zu dem Mysterium von Golgatha hinführte, eben nur etwas sein, was rein auf Autorität gestellt ist.

So wurde vorbereitet, was dann kam, und dessen Kulmination wir dann im 19. Jahrhundert die Menschen erleben sehen, wo der Christus-Impuls als etwas Spirituelles, als etwas Geistiges vollständig verlorengegangen war, wo die Theologie, insofern sie moderne Theologie sein wollte, nur noch von dem Menschen Jesus reden wollte. Indem diese ganze Entwickelung vor sich gegangen war, hatten sich aber manche, ich möchte sagen, Mißstände ergeben. Nehmen Sie die Tatsache, daß von dem römischen Prinzip in rein juristischer Dialektik übernommen worden ist, was an Nachrichten über das Mysterium von Golgatha vorhanden war, daß es übernommen worden ist durch äußere Symbolik, die gedeutet werden kann: dann war keine Möglichkeit, die Nachrichten, wie sie vorhanden waren, unter die Gläubigen kommen zu lassen. Daher das strenge Verbot für die Gläubigen Roms, die Bibel zu lesen. Das ist ja die wichtigste kirchliche Tatsache bis ins späteste

Mittelalter herein, daß das Verbot bestand für die Gläubigen, die Bibel zu lesen. Als das Furchtbarste sah man an innerhalb der Priesterschaft, innerhalb der leitenden katholischen Kreise, wenn das Evangelium bekannt würde in der breiten Masse der Gläubigen. Denn das Evangelium stammt aus einer ganz anderen Seelenverfassung. Das Evangelium ist nur verständlich aus einer geistigen Seelenverfassung heraus. Eine dialektische Seelenverfassung kann mit dem Evangelium gar nichts anfangen. Es ist unmöglich gewesen daher für diese Zeiten, in denen sich der Intellekt, in denen sich die Dialektik vorbereitete, das Evangelium in die Massen kommen zu lassen. Die Kirche kämpft wütend gegen das Bekanntwerden des Evangeliums, und sie sieht als die wildesten Ketzer diejenigen an, die sich gegen das Verbot des Lesens des Evangeliums auflehnen, wie zum Beispiel die Waldenser oder die Albigenser; die machten Ansprüche darauf, durch das Evangelium selber unterrichtet zu werden über das Mysterium von Golgatha. Dagegen lehnte sich die Kirche auf, denn die Kirche wußte ganz gut: Mit der Art, wie sie das Mysterium von Golgatha behandelte, ist das Bekanntwerden des Evangeliums nicht vereinbar, denn dieses Evangelium in seiner wahren Gestalt besteht ja aus vier Evangelien, die einander widersprechen. Man wußte, wenn man der großen Masse der Gläubigen hinausgibt die Evangelien, so bekommen sie zunächst nichts anderes als widersprechende Berichte, die sie aber unter der aufkeimenden Intellektualität nur als etwas auffassen konnten, das sie so verstehen mußten, wie man auf dem physischen Plan versteht. Ja, bei einem Ereignis auf dem physischen Plan kann man nicht verstehen, daß es in vier verschiedenen Formen beschrieben werden soll. Für ein Ereignis, das verstanden werden muß mit höheren Kräften, kommt es darauf an, wie es, da es immer von verschiedenen Seiten angesehen werden muß, von der einen oder von der anderen Seite sich ausnimmt. Ich habe öfter gesagt, selbst für Träume gilt das; Menschen können das Gleiche träumen, das heißt, in ihrem Inneren kann das Gleiche vorgehen; dasjenige aber, was sich ihnen in Bildern formt, das kann in der verschiedensten Weise differieren. So können für den, der in einer spirituellen Art zu dem Mysterium von Golgatha steht, die Widersprüche der Evangelien nichts bedeuten. Aber in spirituellem Verhältnis standen ja die Menschen des heraufkommenden Mittelalters nicht, sie standen im Zeichen der Dialektik bis in die untersten Schichten des Volkes hinein. Für diese Dialektik konnte man nicht ein vierfach sich widersprechendes Berichterstatten über das Mysterium von Golgatha herausgeben. Und als die Kirche das Bibelverbot nicht mehr halten konnte, als der Protestantismus heraufkam, da ergab sich eben jene Diskrepanz im europäischen Leben, die dann zu der modernen Theologie des 19. Jahrhunderts führte, wo man zuletzt alles hinwegradiert hat aus den Evangelien, was sich widersprach. Und zuletzt ist ja nun wirklich aus den Evangelien ein sehr gerupftes Hühnchen geworden. Das Magerste, was entstanden ist, das am meisten Gerupfte sind die Dinge, die der von dieser Seite her berühmte *Schmiedel* herausgefunden hat, der die Stellen, wo irgend jemand in den Evangelien nicht gelobt wird, wo irgend etwas Abfälliges gesagt wird, für das einzig Echte hielt und alles übrige abfertigte. Und so entstanden die Jesus-Beschreibungen der Theologen des 19. Jahrhunderts und des beginnenden 20. Jahrhunderts, die nur den Menschen Jesus beschreiben wollten und glaubten, sie könnten damit noch innerhalb des Christentums stehen. Innerhalb des Christentums konnte eine intellektualistisch-dialektische Zeit nur stehen bei dem Verbot der Evangelien. Mit den Evangelien konnte eine dialektisch-juristische Zeit nur das bewirken, daß sie den Christus nach und nach als solchen vollständig ausschaltete.

Unter dieser Unwahrheit entwickelte sich eigentlich die neuere Menschheit. Diese neuere Menschheit ahnt gar nicht, daß sie im Grunde genommen ganz und gar unter dem Prinzip der Autorität lebt, sich aber fortwährend selber ableugnet, daß sie unter diesem Prinzip der Autorität lebt. Es gibt kaum eine stärkere Ausprägung des Autoritätsglaubens, als es bei all denen der Fall ist, welche die heutige offizielle Wissenschaft als das Maßgebende für die Welt annehmen. Sehen wir doch, wie die Leute sich befriedigt erklären, wenn sie irgendwo gesagt bekommen, irgend etwas sei «wissenschaftlich festgestellt». Sie wissen gar nichts anderes über diese wissenschaftliche Feststellung, als daß es von einem Menschen gesagt worden ist, der sein Gymnasium, seine Universitätsstudien durchgemacht hat, der Privatdozent, Universitätsprofessor geworden ist, der also durch Autoritäten wiederum eingesetzt worden ist; da wird das verbreitet. Dann ist das, was auf diese Weise unter die Menschen kommt, sichere Wissenschaft. Versuchen Sie sich einmal zusammenzuhalten dasjenige, wovon die Menschen heute annehmen, es sei festgestellte sichere Wissenschaft. Es beruht letzten Endes – man täuscht sich nur darüber, man gibt sich nur Illusionen darüber hin – auf nichts anderem als auf einem ganz reinen Autoritätsprinzip, auf reinstem Autoritätsglauben. Das ist der Autoritätsglaube, der eben heraufgekommen ist, indem er ersetzt hat die andere Art, auf die soziale Struktur zu wirken, die noch vom Orientalischen herstammte.

Und begreifen muß man, welcher Haß sich ausbildete innerhalb derjenigen Kreise, die gar kein Verständnis mehr hatten für das Mysterium von Golgatha, die ein nur traditionell durch Autorität Fortgepflanztes hatten, denen angst und bange war vor dem Bekanntwerden des Evangeliums unter der großen Masse, begreifen muß man den Haß, der eigentlich immer stärker und stärker wurde und besonders innerhalb des Jesuitismus dann zum vollständigsten System ausgebildet worden ist: den Haß auf dasjenige, was die Gnosis war. Und heute sehen wir immer noch gerade die Theologen da, wo irgendwo von Gnosis die Rede ist, rote Köpfe bekommen! Wir müssen das aus der historischen Entwickelung der europäischen Menschheit heraus verstehen. Man muß zum Beispiel die Entwickelung der Universitäten verstehen. Wie haben sich die Universitäten entwickelt? Man sehe die Geschichte vom 11. bis zum 13., 14. Jahrhundert nach: Aus der Kirche heraus haben sie sich entwickelt. Die Klosterschulen sind Universitäten geworden. Alles, was gelehrt wurde, sollte von Rom abgestempelt sein, nur was von Rom abgestempelt war, das war wirklich zu glauben. Dafür, daß es von Rom abgestempelt sein sollte, verlor sich dann allmählich der Gedanke. Aber daß es irgendwie doch abgestempelt sein mußte, das blieb. Und so blieb das Autoritätsprinzip auch bei denen, die nicht mehr an die römische Autorität glaubten. Und ohne daß man an Rom, an die römische Autorität selber glaubt, ist dieses Fortleben des römischen Autoritätsprinzipes die Seelenverfassung des heutigen Universitätslebens. Es ist die Seelenverfassung auch in protestantischen Ländern. Die katholische Kirche kämpft eben nur für ihre Autorität mit Ausschluß alles Geistigen weiter, verleumdet alles, was über ihre dialektisch-juristische Denkweise hinausragt, verleumdet alles, was sich nicht in das soziale Autoritätsprinzip einfügen lassen will. Man muß nur verstehen, wie tief das hineingekraftet hat in die Seelenverfassung derjenigen Menschen, die dann im Heraufkommen der modernen Zivilisation lebten. Bei den meisten ging ja gerade dadurch ein Sich-Stellen zu dem Inhalt der Wahrheit verloren, und das gab dann letzten Endes die große Verwirrung, das furchtbare Chaos, innerhalb dessen wir jetzt leben.

Nun aber leben wir zugleich in einer Zeit, in welcher sich wieder vorbereitet ein Schauen. Geisteswissenschaft will ja vorbereiten auf dieses Schauen, das die Menschheit wiederum ergreifen muß. Nicht das alte instinktive Schauen, sondern ein Schauen, das auf volles Bewußtsein gebaut ist. Theologieprofessoren und andere kämpfen gegen dieses Schauen. Sie verwechseln es mit dem alten gnostischen Schauen; sie reden allerlei Dinge, die sie selber nicht verstehen, gegen dieses moderne Schauen. Aber dieses moderne Schauen zieht herauf als eine Notwendigkeit, von der die Menschheit ergriffen werden muß. Und in dieses Schauen kann nun wiederum ein wirkliches Erfassen des Mysteriums von Golgatha hineinleuchten.

So daß der Gang der Christus-Vorstellung eigentlich dieser ist: Das Mysterium von Golgatha geschieht in einer Zeit, in der noch Reste alten Hellsehens vorhanden waren. Die Menschen können es gerade noch verstehen. Sie legen dieses Verständnis in die Evangelien hinein. Das Christentum wandert nach Westen, wird vom Römertum mit dialektischem Geiste aufgenommen. Es wird immer weniger und weniger verstanden. Man redet in Worten von dem Mysterium von Golgatha, man redet in Worten, die bloße Worte bleiben, so daß die Gläubigen auch zufrieden sind, wenn sie in der Kirche sind und der Priester in einer ihnen unverständlichen Sprache die Worte sagt. Denn es kommt ihnen nicht darauf an, die Sache zu verstehen, es kommt ihnen höchstens darauf an, in der allgemeinen Atmosphäre zu leben, die hinweist auf das Mysterium von Golgatha. Und es geht verloren der wirkliche Zusammenhang der Menschen mit dem Mysterium von Golgatha. Immer mehr geht er verloren. In einer bestimmten Zeit des Mittelalters beginnt man zu diskutieren über die Bedeutung eines Symbols, in das sich die fortdauernde Benachrichtigung vom Mysterium von Golgatha gekleidet hat. Man beginnt zu diskutieren zum Beispiel über die Bedeutung des Abendmahls. Aber in dem Moment, wo man über etwas zu diskutieren anfängt, versteht man es ja schon nicht mehr. Dasjenige, was in der Entwickelung der Menschheit lebt, das lebt als Erlebnis. Solange man es als Erlebnis hat, so lange disputiert man nicht. Als der Abendmahlsstreit im Mittelalter auftrat, da war schon der letzte, der allerletzte Rest des Verständnisses für das Abendmahl verlorengegangen, da bemächtigte sich schon das dialektische Spiel dieses Abendmahles. Und so entwickelte sich das neuere Menschheitsleben herauf, bis das Bibelverbot nicht mehr gelten konnte. Theoretisch ist allen Katholiken heute noch verboten, die Bibel zu lesen. Nur jener Auszug der Bibel, der zubereitet wird, wie wenn die Evangelien eine Einheit wären, ist ihnen theoretisch gestattet zu lesen. Es ist den Katholiken noch heute streng verboten, sich mit den vier Evangelien zu befassen, denn selbstverständlich, in dem Augenblicke, wo man in den modernen Geist die vier Evangelien hereinbekommt, wo man sie so liest, wie man eine Darstellung des äußeren physischen Planes liest, in dem Augenblicke zerflattern die Evangelien. Es ist unverantwortlich, wenn Leute, die das ganz gut wissen, die auch erlebt haben, wie im Laufe des 19. Jahrhunderts eben unter der Philologisiererei der Theologie die Evangelien zerflattert sind, wenn die sich erfrechen – man kann es nicht anders bezeichnen –, von der Anthroposophie zu sagen, daß sie die Evangelien in einer willkürlichen Weise auslege, daß sie allerlei hineinlege in die Evangelien. Diese Leute wissen, daß der Zusammenhang mit dem Mysterium von Golgatha verloren wird, wenn die Evangelien nicht im spirituellen Sinne verstanden werden. Man erlebt es, wie sich alle die Leute aufs Podium stellen vom Standpunkte katholischer oder protestantischer Theologie aus und immer wieder und wiederum davon schwätzen, daß Anthroposophie in die Evangelien etwas hineinlege, während sie ganz genau wissen: Wenn nichts von geistiger Auffassung in die Evangelien hineingelegt wird, so müssen die Evangelien die christliche Seelenverfassung vom Grunde aus zerstören. Würden die Menschen nur ein wenig besser darauf hinschauen, wie es den meisten von denen, die solches Zeug schwätzen über die Anthroposophie, im Grunde genommen nur darauf ankommt, in bequemster Weise ihr Amt weiter zu verwalten, so zu verwalten, wie sie es gelernt haben in ihrer Jugend, würden die Menschen wissen, daß in diesen Theologen nicht ein eigentliches Wahrheitsgefühl lebt, sondern nur die Furcht, es könnte ihnen ihre bequeme Art, die Dinge aufzufassen, verlorengehen, dann würde man schon viel weiterkommen im Ablehnen derlei *Frohnmeyers* und ähnlicher Leute, die eben durchaus nicht mehr von dem geringsten Funken irgendeines Wahrheitssinnes durchzogen sind.

Was heute zu retten ist, das ist das Mysterium von Golgatha selbst. Und vorbereitet darauf muß werden, daß dieses Mysterium von Golgatha der menschlichen Imagination wiederum erscheine. Denn dem Intellekt kann es nicht erscheinen. Der Intellekt kann es nur auflösen. Der Intellekt kann es nur durch seine Philologiekünste aus der Welt schaffen, oder er kann es durch eine tyrannische Autorität im jesuitischen Sinne für diejenigen erhalten, die nicht nach Wahrheit, sondern nur nach einem bequemen Leben streben. Für solche aber, die nach Wahrheit streben, geht heute der Weg der Imagination, das heißt, dem bewußten Schauen der geistigen Welten entgegen. Da handelt es sich darum, daß man von dem Gesichtspunkte dieses bewußten Schauens der geistigen Welten auch das ganze Menschheitswesen wiederum aufzufassen in der Lage ist. Da handelt es sich vor allen Dingen darum, daß das ganze Menschenerziehen und Menschenunterrichten von diesem Gesichtspunkte aus geschieht.

Wir wissen, das Kind lebt bis zu seinem siebenten Jahre, bis zum Zahnwechsel, in der Nachahmung. Die Nachahmung ist im Grunde genommen nichts anderes als ein Weiterleben dessen, was in ganz anderer Form vor der Geburt oder Empfängnis in der geistigen Welt vorhanden war, wo das Untertauchen des einen Wesens in das andere vorhanden ist; das drückt sich dann in der Nachahmung des Kindes gegenüber seiner Menschenumgebung als Nachklang des geistigen Erlebens aus. Dann kommt vom siebenten Lebensjahre, vom Zahnwechsel bis zur Geschlechtsreife, das Bedürfnis des Kindes nach Autorität. Gerade dasjenige, was heute nur noch in der Nachahmung des Kindes lebt, das lebte in einer gewissen Weise durch den ganzen Menschen hindurch innerhalb der alten orientalischen Struktur. Diejenigen Menschen, die aus den Mysterien heraus wirkten, wirkten mit einer so starken Kraft, daß ihnen die anderen Menschen folgten, wie das Kind den Erwachsenen folgt, die in seiner Umgebung sind. Dann kam das Prinzip der Autorität. Und jetzt wächst der Mensch heraus aus dem Prinzip der Autorität. Er wächst hinein in das Prinzip, welches nach der Geschlechtsreife im Menschen sich andeutet, allerdings in persönlich-individueller Weise, anders als in bezug auf die ganze Menschheitsentwickelung. Heute lebt der Mensch einer Zeit entgegen, wo es notwendig wird, in ihm auszubilden dasjenige, was nicht von selbst ausgebildet werden kann. Das Kind kommt als Nachahmer zur Welt. Im alten orientalischen sozialen Leben kam es auch schon als Nachahmer zur Welt. Aber das, was bei ihm als Nachahmungsprinzip lebte, das blieb auch in die Autoritätszeit, in die Urteilszeit hinein noch immer wirksam in bezug auf die sozialen Angelegenheiten, auch in bezug auf alles das, was religiöses Leben war. Das Autoritätsprinzip machte sich im alten Orient nur geltend in bezug auf dasjenige, was nächste Umwelt war. Die großen Angelegenheiten des Lebens blieben in der Form des kindlichen Erlebens stehen.

Dann kamen diese großen Angelegenheiten des Lebens in die Zeiten des Mittelalters hinein. Das Autoritätsprinzip herrschte. Jetzt macht sich zuerst geltend das Heraustreten aus dem Autoritätsprinzip, das Prinzip des eigenen Urteils macht sich geltend. Was für die Angelegenheiten des religiösen, des künstlerischen, überhaupt des über das unmittelbare Elementar-Natürliche hinausgehenden menschlichen Lebens im alten Orient entfaltet wurde, man konnte es im Kinde aufsuchen, das es durch das Blut hereintrug aus den geistigen Welten in diese physische Welt. Als das Autoritätsprinzip herrschte, brauchte man ja nur auf etwas zu bauen, was sich mit einer gewissen Notwendigkeit aus dem noch ganz unbewußten ätherischen Leib herausentwickelt. Jetzt, wo auftritt das Prinzip des freien Urteils, da tritt für Pädagogik und Didaktik eine neue große Verantwortung auf. Da tritt das auf, daß man in dem werdenden Kinde hinzuschauen hat auf das, was herauskommen wird. Wenn das Kind das fünfzehnte Lebensjahr erreicht, dann wird in ihm der astralische Leib geboren. Dasjenige wird in ihm geboren, was hereinträgt in die Welt, jetzt nicht in unbewußter Weise, sondern in immer mehr und mehr bewußter Weise die Erlebnisse der geistigen Welt.

Die Zeit rückt heran, wo wir bei aller Erziehung und allem Unterricht zu sehen haben, was aus dem Kinde herauswächst, wenn es im vierzehnten, fünfzehnten Lebensjahre steht. Das war für alle alten Zeiten von keiner so großen Wichtigkeit, denn das ist verknüpft mit dem, was frei im Menschen lebt, was der Mensch sich nicht durch Geburt mitbringt, was er auch nicht durch Autorität empfangen kann, was er wirklich aus sich selber herausholen muß. Und daß er es auf rechte Weise aus sich herausholt, dafür hat man zu sorgen, indem man in der richtigen Weise das Kind heranerzieht und heranunterrichtet bis zum vierzehnten, fünfzehnten Lebensjahre, damit es dann in diesem vierzehnten, fünfzehnten Lebensjahr in der richtigen Weise den astralischen Leib entwickeln kann. Erziehung und Unterricht bekommen eine ganz neue Bedeutung in dieser neueren Zeit, und ohne die Zusammenhänge des Menschen mit der geistigen Welt zu durchschauen, sollte eigentlich nicht mehr unterrichtet werden. Das ist der Kampf, der heraufzieht.

Gewissermaßen noch aus instinktiven Untergründen hat sich geltend gemacht dasjenige, was sich dann in der idealistischen Philosophie Mitteleuropas an die Oberfläche des menschlichen Bewußtseins drängte: das Ich-Gefühl, das ja im Grunde bei *Fichte, Schelling* und *Hegel* nur zu tun hatte mit dem, was der Mensch erlebt zwischen Geburt und Tod, das nichts zu tun hatte mit dem, was überphysisch-menschlich ist. Ich habe gestern gesagt, der mitteleuropäische Mensch war abgeschlossen durch das Türkentum, durch das Element *Peters des Großen* von dem, was orientalisch war, aber es lebte als Erbschaft dasjenige fort, was ihm noch so vorschwebte als eine Offenbarung, die eigentlich nur im alten Orient verstanden wurde aus dem alten Hellsehen heraus, die noch ihre Nachklänge hat in dem asiatisch empfindenden Russentum, in dem noch nicht europäisierten Russentum. Offenbarung lebt im Grunde genommen, wenn auch ganz dekadent, heute noch immer in Asien drüben. Da ist noch Sinn für Offenbarung vorhanden. Das intellektualistische Element, das rein dialektische Element ist das westliche Element, das heute nur für das wirtschaftliche Leben ausgebildet ist. Zwischen diesen beiden Elementen, dem ganz noch auf das Irdisch-Wirtschaftliche beschränkten westlichen Intellektualismus, der menschlichen Vernünftigkeit, die sich nur mit der äußeren Erfahrung beschäftigen will, und der orientalischen Offenbarung, war immer das mitteleuropäische Element eingeklemmt. Und immer drohender und drohender zogen sich die Wolken zusammen, indem im Grunde genommen nur eine Art rhythmischer Ausgleich vorhanden war zwischen Offenbarung und Vernünftigkeit. Was bei den großen Scholastikern des Mittelalters versucht wird auseinanderzuhalten, vernünftiges Begreifen der äußeren Sinneswelt und übersinnliche Offenbarung, das schlug aber immer mehr ineinander, als die neuere Zeit heraufzog. Und wir sehen dieses Ineinanderschlagen insbesondere in der ersten Hälfte des 19. Jahrhunderts, wo die mitteleuropäisch-idealistische Philosophie geboren wird, wir sehen dann, wie das Westlertum übergreift in der zweiten Hälfte des 19. Jahrhunderts, wie gewissermaßen ganz Europa bis nach Rußland hinein anglisiert wird, und wie das äußere Zeichen für einen tief inneren Vorgang, den die Menschheit gegenwärtig nur noch nicht begreifen will, wie das äußere Zeichen für diesen inneren Vorgang das Zermalmtsein, das auf dem Bodenliegen des Mitteleuropäischen in der Gegenwart ist. Alles, was da zwischen Westen und Osten eingeklemmt ist, liegt auf dem Boden, ist zermalmt, weiß überhaupt nicht, was es mit sich anfangen soll, lebt in Konvulsionen, redet von allerlei, wodurch man irgendwie weiterkommen will, redet aber im Grunde genommen nur von lauter Nullitäten. Bis in die Einzelheiten drückt sich das aus. Ein ungeheures Unvermögen des Wirtschaftens mit den alten Verhältnissen zeigt sich. Was tut man? Man preßt entweder aus dem Alten heraus, was noch drinnen ist, durch eine furchtbare Steuerschraube, oder man füllt dasjenige, was fehlt, durch wertloses Notendrucken an, indem man in einer Woche Milliarden von Noten druckt. Und wenn es vielleicht auch nur ein Symbolum ist, einzelnen Leuten steht doch vor der Seele: dieses dekadente Festhalten an der Offenbarung im Osten, die Nullität der Mitte und das nur noch im Wirtschaftlichen steckende Vernünftigsein des Westens. Und sie reden wie von einer Zukunftsperspektive – als ob das Mittlere gar nicht da wäre – von dem großen Kampfe, der zwischen Japan und Amerika in Aussicht steht. Das stellen sich die Leute natürlich bloß physisch vor. Das bedeutet auch etwas ungeheuer Tiefes. Und wenn dasjenige, was real ist als Dekadentes im Osten, was noch nicht Geborenes im Westen ist, wenn das aufeinanderstößt mit Ignorierung der Mitte, dann sozusagen versinkt das Ich-Gefühl, das namentlich in der Mitte zum Ausdruck gekommen ist, in jenem Chaos, das durch das Zerquetschen vom Osten und vom Westen entsteht. Das Denken über das Ich ist ja verschwunden mit der mitteleuropäisch-idealistischen Philosophie. Es ist seit der Mitte des 19. Jahrhunderts nicht mehr da. Auch dasjenige, was man aus den Konvulsionen heraus als Staatsgebilde hat schaffen wollen, es liegt heute am Boden. Unmögliche Staatsgebilde erheben sich, wie die Tschechoslowakei, die ganz gewiß auf die Dauer nicht leben und nicht sterben kann. Diese unmöglichen Gebilde können sich nur erheben dadurch, daß Friede geschlossen wird von Leuten des Westens, die keine Ahnung davon haben, welches die Lebensbedingungen der Mitte sind. Man hört sich in Zürich irgend jemanden an, der von Paris kommt und der die Einheit des slowakischen mit dem tschechischen Elemente in einer geistreichen Form, wie man sagt, den Leuten vortradiert. Man ist erstaunt über das, was solch ein Professor verkündigt über die Prädestination der Tschechoslowakei, weil man keine Ahnung hat, welches die Lebensbedingungen im Osten sind, weil man eben auch nicht weiß, daß, was da entsteht, nur das zerquetschende Element ist, der zusammenstoßende Osten und Westen. Die Leute verhüllen sich noch die Augen, um nicht zu sehen, wie sich die äußeren Symptome ankündigen. Sie wollen nicht glauben, wie in diesem Mitteleuropa selbst solche Szenen sich abspielen – allerdings gegenwärtig noch stark nach Osten vorgeschoben –, daß die Reste derjenigen Menschen, die die Träger des Krieges waren, jetzt als Offiziere, die nicht mehr eine Rechtfertigung haben innerhalb der gegenwärtigen Verhältnisse, da oder dort erscheinen, unschuldige Frauen nackt vor sich tanzen lassen und ihnen dann das Bajonett in den Bauch stoßen und es im Bauche umdrehen, Szenen, wie sie durchaus befohlen werden von Menschen, die nebenher tapfer im Kriege gefochten haben.

Vor allen diesen Dingen verhüllt die geblendete Menschheit des Westens, die Frieden schließt über Dinge, von denen sie nichts versteht, die Augen. Sie sieht nicht, wie sich Bedeutsames ankündigt in dem, was da eigentlich vor sich geht. Und die Leute leben zum großen Teile so fort, als ob eigentlich gar nichts in der Welt geschähe. So wird etwas, man möchte sagen, in die vollständigste Enge des Bewußtseins hineingetrieben. Dasjenige, was einmal hervorgebracht hat solche idealistische Höhe, solche Ideen, wie man sie bei Goethe, Fichte, bei Schelling, bei Hegel findet, das ist in Wirklichkeit im öffentlichen Leben nicht mehr da. Und wenn es sich geltend machen will wie hier im Goetheanum, dann verleumdet man es, dann tritt überall verleumderisches Lumpentum auf, um es als etwas hinzustellen, wovon es vorgibt, daß es etwas davon verstünde und es verurteilen müsse. In die Nullität hinein entwickelt sich etwas, was vor einem Jahrhunderte noch leuchtendes Geistesleben war. Und darüber ballen sich zusammen die Wolken aus dem Osten und aus dem Westen.

Und was bedeutet das, was in den nächsten Jahrzehnten in der furchtbarsten Weise zum Ausdrucke kommen muß, was bedeutet es? Es ist von der einen Seite die Aufforderung, festzustehen auf dem Boden, der das neue Geistesleben gebären will, und auf der anderen Seite ist es das Wetterleuchten dessen, was seit längerer Zeit unter uns besprochen wird, das Herannahen des Christus in der Form, in der er wird geschaut werden müssen vom 20. Jahrhunderte an. Denn ehe dieses Jahrhunderts Mitte verflossen sein wird, wird der Christus geschaut werden müssen. Aber vorher muß alles das, was Rest des Alten ist, in die Nullität hineingetrieben sein, müssen sich die Wolken zusammenballen. Der Mensch muß finden seine volle Freiheit aus der Nullität heraus. Und das neue Anschauen muß sich gebären aus dieser Nullität heraus. Der Mensch muß seine ganze Kraft aus dem Nichts heraus finden. Nur ihn dazu vorbereiten möchte die Geisteswissenschaft. Das ist etwas, wovon man nicht sagen darf, daß sie es will, sondern daß sie es wollen muß.

## SIEBENTER VORTRAG

Dornach, 31. Oktober 1920

Ich habe gestern versucht, Ihnen einiges zu schildern von den europäischen Verhältnissen, wie sie sich in der nächsten Zeit herausbilden müssen, und Sie haben gesehen, wie mit der europäischen Entwickelung, überhaupt mit der Entwickelung der modernen Zivilisation verbunden sein muß ein gewisses Hinschwinden dessen, was die Menschen in der gegenwärtigen Zeit auf manchen Gebieten noch durchaus als etwas ihnen Bequemes, etwas ihnen Wertes ansehen. Aus der Art, wie ich gerade gestern darstellen mußte, ersehen Sie, daß es noch für manchen, der lieber die Entwickelung der nächsten Zeiten in bequemem Schlafe, im Seelenschlafe verleben möchte, ein gar nicht behagliches Erwachen geben wird. Ich will nicht sagen – ich habe das schon gestern angedeutet –, daß die Prophezeiungen derjenigen bis aufs i-Pünktchen stimmen müssen, die nur in so äußerlichen Dingen wie in der Diskrepanz zwischen Japan und Amerika etwa das Wesentliche der nächsten Entwickelung sehen. Aber als bevorstehend muß betrachtet werden, was ich Ihnen, wenigstens mit einigen Strichen, charakterisiert habe als den großen Geisteskampf des Ostens mit dem Westen, des Westens mit dem Osten, in dem eingekeilt sein wird dasjenige, was wir jetzt schon durch Wochen kennengelernt haben als die eigentliche Kultur der europäischen Mitte. Gerade aus dem heraus, was sich als die moderne, auf Naturwissenschaft gebaute Weltanschauung in der letzten Zeit betätigt hat – so sonderbar das klingt, es muß gesagt werden –, gerade aus dem heraus wird das intensivste Bedürfnis entstehen müssen nach dem, was ich bezeichnete als das Christus-Erlebnis, das bevorsteht. Wir haben namentlich durch die Auseinandersetzungen von gestern erfahren können, wie wenig von diesem Christus-Erlebnis eigentlich in der Gegenwart vorhanden ist. Gerade das, was man das Christus-Erlebnis nennen könnte, ist ja seit dem Mysterium von Golgatha durch die Entwickelung der Menschheit, besonders in den letzten Jahrhunderten, durchaus in die Dekadenz gekommen. Und wir konnten sehen, daß auf Grund des unmöglichen Festhaltens an dem alten Verbot des Evangelienlesens, das ja von der katholischen Kirche noch theoretisch festgehalten wird gegenüber der Forderung der Menschheit, die Evangelien zu bekommen, die Evangelien lesen zu können, sich ein Christus-Erlebnis nicht entwickeln kann. Und wir haben schon darauf hingewiesen, wie die besondere Seelenverfassung, die da im Anzuge ist innerhalb der modernen Zivilisation, wiederum hinführen wird zu dem Christus-Erlebnis, geradeso wie zu solchem Erlebnis hinführen konnte dasjenige, was von den Resten der alten instinktiven Hellsichtigkeit der Menschheit zur Zeit des Mysteriums von Golgatha noch da war. Aber man muß sich klar sein darüber, daß, wie auch sonst wesentliche, einschlagende Ereignisse in der Menschheitsentwickelung auf eine andere Art kommen, als man in den Kreisen der Philister und Pedanten erwartet, dasjenige, was man das Christus-Erlebnis von der ersten Hälfte des 20. Jahrhunderts nennen muß, in einer anderen Weise kommen wird. Und eine ganz klar zu umschreibende Beziehung zu der auf moderne Naturwissenschaft gebauten Weltanschauung wird dieses Erlebnis haben.

Bedenken Sie nur das Folgende: Die Seelenverfassung der Menschen ist – ich habe das oft beschrieben, noch in diesen Tagen – seit der Mitte des 15. Jahrhunderts eine ganz andere geworden, als sie früher war. Das berücksichtigt die äußere Geschichte nicht, weil diese äußere Geschichte immer wieder und wieder an der Oberfläche haftet. Aber insbesondere ist in der Zeit von der Mitte des 19. Jahrhunderts bis in unsere Tage die Seelenverfassung der Gesamtmenschheit einer wesentlichen Änderung unterworfen gewesen. Auch das wird viel zu wenig berücksichtigt, weil die Menschen gewohnheitsmäßig an denjenigen Dingen festhalten, welche ihnen einmal eingepfropft worden sind. Man kann höchstens eine Durchbrechung dieses gewohnheitsmäßigen Festhaltens an dem Eingepfropften bemerken, wenn man heute mit wacher Seele verfolgt, was mit der jüngeren Generation an Anschauung heraufkommt, und es vergleicht mit dem, was in ihrer Jugend die heute älteren Menschen als Anschauung gehabt haben. Die Diskrepanz zwischen dem heutigen Alter und der heutigen Jugend ist insbesondere durch die Dichter immer wieder und wiederum dargestellt worden, und wenn die Menschen sich nicht gar zu sehr einkapseln würden in ihre gewohnten Vorstellungen, so daß sie eigentlich nichts hereinlassen, was ihren Denkgewohnheiten widerspricht, so würde man schon bemerken, welch ein ungeheurer Riß eigentlich vorhanden ist zwischen dem heutigen Alter und der heutigen Jugend.

Auf der anderen Seite ist heute ein ungeheuer reaktionär-konservatives Element in der Menschheitsentwickelung vorhanden, und auf das habe ich auch schon gestern hingedeutet. Es ist der Autoritätsglaube gegenüber der landläufigen Wissenschaft. Und das hängt zusammen damit, daß diese landläufige Wissenschaft eigentlich sich mit Riesenschritten das allgemeine Bewußtsein erobert hat. Das unterschätzt man eben durchaus heute. Man sollte nur einmal verfolgen, mit welcher Raschheit insbesondere in den letzten Jahrzehnten die gebräuchlichen Vorstellungen jener Wissenschaft, die sich im 19. Jahrhundert ausgebildet hat, bis in die allerungebildetsten Menschenklassen hinunter alle Seelen ergriffen haben. Gewiß, es halten sich manche Menschen noch im Zustande einer gewissen Frömmigkeit, die nichts wissen will von dem, was durch die moderne naturwissenschaftliche Vorstellung in die Menschheit eindringt. Aber in dieser Frömmigkeit ist zumeist verankert eine ungeheure Unwahrhaftigkeit, ein Nicht-sehen-Wollen auch desjenigen, was sich dort ausbreitet, und was man nicht anders bezeichnen kann als den durch die Naturwissenschaft hervorgerufenen Materialismus der neueren Menschheit. Die Ausbreitung dieses Materialismus wird in den nächsten Zeiten nicht etwa eine Zurückdämmung erfahren, wie einzelne wissenschaftliche Illusionäre glauben, sondern im Gegenteil, die Ausbreitung dieses populärwissenschaftlichen Materialismus wird mit rasender Eile zunehmen, und man wird sehen, daß aus dem Chaos der modernen Zivilisation heraus diese materialistische Stimmung immer mehr und mehr zunehmen wird. Und aus dieser materialistischen Stimmung heraus können sich, wenn die Sache genügend vorbereitet wird, wenn Geisteswissenschaft mit dem, was sie will, durchdringt, wenn also Anregung gegeben werden kann zu einer sachgemäßen Entwickelung schon der Kinder in der Schule, dann können sich aus diesem Chaos heraus einzelne Seelen entwickeln, welche eines besonders stark empfinden werden, das ich jetzt charakterisieren möchte, obwohl diese Charakteristik in der verschiedensten Weise schon bei anderen Gelegenheiten gegeben worden ist.

Wenn derjenige, der ein wenig die moderne naturwissenschaftliche Weltanschauung kennt, sie mit wachen Seelenaugen verfolgt, so muß er das besonders charakteristisch in ihr finden, daß sie außerstande ist, den Menschen irgendwie zu begreifen. Eigentlich fällt aus dieser modernen naturwissenschaftlichen Weltanschauung der Mensch als solcher ganz heraus. Wir haben Gelegenheit gehabt, als hier unser Hochschulkursus gehalten worden ist, auf den verschiedensten Gebieten der einzelnen Fachwissenschaften zu sehen, wie diese Fachwissenschaften nichts zu sagen haben über das eigentliche Wesen des Menschen. Man braucht nur einiges Charakteristische aus diesen Wissenschaften herauszunehmen. Da haben wir zum Beispiel die gebräuchliche Darwinistische oder Weismannsche oder wie immer gefärbte Entwickelungslehre; sie zeigt die Entwickelung der Lebewesen von den unvollkommensten bis zu den vollkommensten, und sie begründet die Ansicht, daß auch der Mensch aus dieser Entwickelungsströmung hervorgegangen ist. Aber eigentlich betrachtet sie vom Menschen nur so viel, als am Menschen Tierisches ist. Sie betrachtet den Menschen überall nur so weit, als sie sagen kann: Irgendein Glied, irgendeine Ausbildung am Menschen geht aus diesem Glied, aus dieser Ausbildung der Tierströmung hervor. Inwiefern das Tierische am Menschen verändert auftritt, inwiefern das Tierische beim Menschen etwas anderes ist als beim Tiere, das betrachtet eigentlich diese Wissenschaft nicht. Dagegen den Menschen selbst wirklich ins Auge zu fassen, das ist dieser Wissenschaft abhanden gekommen. Der Mensch fällt gewissermaßen aus dieser Wissenschaft ganz heraus. Diese Wissenschaft hat gewissenhafte Methoden entwickelt. Sie hat eine gewisse Disziplin begründet, die notwendig ist, wenn man heute mitreden will in Fragen der Weltanschauung. Aber es war diese Wissenschaft nicht imstande, irgendwie das menschliche Begreifen zu dem zu erheben, was den Menschen selbst begreiflich macht. Der Mensch fällt heraus aus dem, was heute wissenschaftliches Begreifen ist, so daß er immer mehr und mehr sich selber als ein Rätsel gegenübertreten muß. Das empfinden heute noch die wenigsten; und diejenigen, die es empfinden, können es sich wohl theoretisch klarmachen, aber es ist noch nicht ein einheitliches Gefühl davon vorhanden. Aus richtig geleiteten Volksschulen wird dieses Gefühl mit aller Lebendigkeit hervorgehen. Es werden aus richtig geleiteten Volksschulen die Kinder so hervorkommen, daß sie im Fühlen schon haben: Ja, wir haben eine Wissenschaft, die aus der modernen Intellektualität geboren ist; aber gerade je weiter wir kommen in diesem Wissen, je mehr wir da lernen von der Natur, desto weniger können wir von uns selbst, desto weniger können wir vom Menschen begreifen.

Dieser Intellekt, der ja die hauptsächlichste sich entwickelnde Seelenkraft der letzten Jahrhunderte war, und der es auch heute noch ist, höhlt gewissermaßen den Menschen ganz aus in bezug auf seine Selbstempfindung, in bezug auf sein Selbstgefühl. Und auf der anderen Seite steht wieder die Forderung da, daß der Mensch sich ganz auf den Boden seiner eigenen Wesenheit stellen soll. Das tritt gerade, ich möchte sagen, als eine wesentliche soziale Forderung hervor. Neben dem, daß die Wissenschaft der neueren Zeit über den Menschen nichts auszusagen vermag, sehen wir auf der anderen Seite überall die Forderungen stehen, die nun nicht wissenschaftlich auftreten, sondern die aus der Tiefe der Menscheninstinkte heraufkommen, wir sehen die Forderung: Der Mensch müsse sich erheben können zu einem menschenwürdigen Dasein, der Mensch müsse erfühlen können, was sein Wesen ist. Wir sehen immer mehr und mehr praktische Forderungen auftreten, und wir sehen auf der anderen Seite immer mehr und mehr das Unvermögen der Wissenschaft, dem Menschen über sein eigenes Wesen irgend etwas zu sagen. Solch eine Diskrepanz im menschlichen Erleben wäre in älteren Zeiten der menschlichen Weltanschauungs-Entwickelung ganz unmöglich gewesen.

Stellen wir die alte orientalische Weltanschauung noch einmal vor uns, so werden wir aus dem, was wir darüber andeuten konnten, sagen müssen: Da wußte der Mensch, er kommt aus geistigen Höhen herunter; er lebt, bevor er durch die Empfängnis beziehungsweise Geburt eingetreten ist in das physische Dasein, in einer geistigen Welt. Er bringt sich aus einer geistigen Welt mit, was eben noch in ihm ist, was als Anlage, was als Aspiration herauskommt in der Kindheit, was ihm dann durch die ganze Lebenszeit auf Erden hindurch bleibt. Jeder

Orientale der älteren Zeiten hat gewußt, daß dasjenige, was aus seiner Seele sich herausarbeitet in der Kindheit, in der Jugend, eine Mitgift ist aus den geistigen Welten heraus, die er durchlebt hat, bevor er sein physisches Dasein angetreten hat. Theoretisch einzusehen, daß man ein solches geistiges Leben vor dem Erdenleben durchlebt hat, das hat nicht den großen Wert. Den großen Wert hat das lebendige Gefühl davon, den großen Wert hat es, wenn man fühlt: Was da in einem herangewachsen ist seit der Kindheit in der seelischen Entwickelung, das kommt aus der geistigen Welt her.

Dieses Gefühl aber ist heute eigentlich einem anderen gewichen. Es ist einem anderen gewichen beim einzelnen Menschen, und namentlich im sozialen Leben ist es heute einem anderen Gefühl gewichen. Und da liegt etwas Wichtiges vor, auf das man hinschauen muß. Immer mehr und mehr lastet auf dem Menschen halb unbewußt das Gefühl von seinen vererbten Eigenschaften. Wer unbefangen heute auf das, was die Menschen fühlen, hinschauen kann, der sieht: Eigentlich fühlt der Mensch, das, was er ist, ist er durch seine Eltern, Voreltern und so weiter. Er fühlt nicht wie der alte Mensch, daß dasjenige, was in ihm aufflammt von Kindheit auf, aus jenen Tiefen herauskommt, in denen sich verankert hat, was er aus seinen geistigen Erlebnissen vor dem Erdenleben mitbekommen hat, sondern er fühlt in sich die von den Eltern, Großeltern und so weiter vererbten Eigenschaften. Man fragt auch heute zuerst: Wo hat das Kind das, wo jenes her? – Und wenige Menschen geben sich darauf die Antwort: Das hat das Kind von dem oder jenem Erlebnisse der geistigen Welt –, sondern man forscht danach, ob das von Großmutter, Großvater und dergleichen herstammt. Aber je mehr im einzelnen Menschen dies nicht als eine theoretische Ansicht, sondern als ein Gefühl auftritt, als ein Gefühl der Abhängigkeit von bloß irdisch vererbten Eigenschaften, desto drückender wird dieses Gefühl, desto furchtbarer nach und nach wird dieses Gefühl. Und dieses Gefühl wird mit einer rasenden Eile an Stärke zunehmen. Es wird bis zur Unerträglichkeit sich steigern müssen in dem nächsten Jahrzehnt, denn dieses Gefühl ist verbunden mit einem anderen, mit einem gewissen Gefühl der Wertlosigkeit des menschlichen Daseins. Das wird immer mehr und mehr auftreten, daß der Mensch die Wertlosigkeit seines Daseins fühlt, wenn er dieses Sein als nichts anderes fühlen kann denn als eine Zusammenfassung dessen, was seinem Blute, was seinen übrigen Organen eingepflanzt ist aus den physisch vererbten Eigenschaften heraus. Heute ist das, was da auftritt, allerdings noch bis zu einem gewissen Grade eine bloße Theorie. Dichter haben es auch schon als Erlebnis dargestellt. Aber es wird als Gefühl, es wird als Empfindung auftreten, und dann wird es eine drückende Eigentümlichkeit sein des Fühlens der zivilisierten Menschheit. Es wird wie eine Last auf der Seele ruhen, dieses Sich-Erleben in den bloß vererbten Eigenschaften. So tritt das, was die Naturwissenschaft dem Menschen nicht geben kann, das Menschenverständnis selber, so tritt es auf in seinem Mangel, indem der Mensch sich nicht als ein Kind der geistigen Welt fühlt, sondern lediglich als ein Kind der in dem irdischen, physischen Daseinslaufe vererbten Eigenschaften.

Aber mit aller Vehemenz tritt das im sozialen Leben auf. Denken Sie nur, welche Forderungen da auftraten als der Ausfluß einer riesigen weltpolitischen Dummheit, die in den letzten Jahren durch die Welt gezogen ist! Langsam ist es heraufgekommen in den letzten Jahrhunderten, seine Kulmination hat es erlangt, als es in unseren Tagen eben eine weltpolitische Dummheit geworden ist. Die große Krise im zweiten Jahrzehnt des 20. Jahrhunderts trat ein, als alle diejenigen Nichtswisser von den Menschheitsverhältnissen, die nun die Führung der verschiedenen Nationen und so weiter angeblich in der Hand hatten, die wenigstens an den Plätzen standen, auf denen man glaubte, die Führung der Menschheit in der Hand zu haben, als alle diese von einer Gliederung der Menschheit nach dem Willen der einzelnen Nationen sprachen. Im allerschlimmsten Sinne wurde nationaler Chauvinismus gerade in der neuesten Zeit wachgerufen. Und nationaler Chauvinismus klingt heute durch die ganze zivilisierte Welt. Das ist nur das soziale Gegenbild für jene urreaktionäre Weltanschauung, welche alles auf die vererbten Eigenschaften zurückführen will. Wenn man nicht mehr danach strebt, sein Wesen als Mensch zu ergründen und die soziale Struktur so zu gestalten, daß dieses Wesen als Mensch zurechtkommt, sondern wenn man nur darnach strebt, die soziale Struktur so herbeizuführen, daß sie dem entspricht, was man als

Tscheche, als Slowake, als Magyar, als Franzose, als Engländer, als Pole und so weiter ist, dann vergißt man alle Geistigkeit. Dann schließt man alle Geistigkeit aus, dann will man die Welt bloß nach den blutsvererbten Eigenschaften ordnen, weil man immer mehr und mehr dazu gekommen ist, in seinen Begriffen nicht den geringsten Inhalt zu haben, weil dieses 20. Jahrhundert die Probe zu liefern hatte, daß auch ein Mensch da sein kann, der angestaunt wird von einer großen Menge als ein Weltenlenker, der aber überhaupt in seinen Worten gar keinen Begriff mehr hat, wie *Woodrow Wilson,* der nur Worte sagt, die gar keine Begriffe mehr enthalten. Deshalb mußte man sich anlehnen an irgend etwas, was ganz geistlos ist, die Blutsverwandtschaft, die blutsverwandten Eigenschaften der Nationen, woraus dann nichts anderes geworden ist, als daß Friedensschlüsse zustande gekommen sind – nun ja, wie sie eben zustande gekommen sind –, in denen Leute Landkarten über die Gestaltung der modernen zivilisierten Welt bestimmt haben, die überhaupt nicht das geringste von den Lebensverhältnissen dieser modernen Welt kennen. Nichts zeigt vielleicht deutlicher den Materialismus der Neuzeit, dieses Verleugnen alles Geistigen, als das Auftreten des Nationalprinzips.

Das ist selbstverständlich eine Wahrheit, die heute vielen Menschen unangenehm ist. Und das macht es wiederum, daß so viel Lüge auf dem Grunde der Seele sich ablagern muß. Denn geht man nicht ehrlich darauf ein, daß man den Geist ableugnet, wenn man eine Weltordnung nur auf die Blutsverwandtschaft begründen will, so lügt man; man lügt, wenn man dann sagt, man neige irgendeiner geistigen Weltanschauung zu.

Und nun sehen Sie sich den Gang der heutigen Weltentwickelung an. Was aus den chaotischen Instinkten der Menschheit herausquillt, das verleugnet ja überall den Geist. Ich habe Ihnen gestern eine Probe geliefert. Ich will, um Ihre zarten Nerven zu schonen, die ich gestern einigermaßen bemerkte, nicht diese Probe noch vermehren, sie könnte leicht vermehrt werden. So sehen wir überall, wie die Anschauung des menschlichen Wesens dem Menschen abhanden gekommen ist. Und nun wollen wir einmal geisteswissenschaftlich von dem, was ich da als ein heraufziehendes Gefühl schildern mußte, das Gegenbild ins Auge fassen.

Sie wissen ja, geisteswissenschaftlich zeigt sich, wie unser Erdenplanet, auf dem der Mensch sein gegenwärtiges Schicksal zu erleben hat, die Wiederverkörperung von drei vorangehenden Weltenverkörperungen ist, und wie wir hinschauen müssen auf drei folgende Weltenkörper, wie also unsere Erde, schematisch dargestellt, der Zwischenzustand ist.

Wir wissen nun auch aus dem, was in meiner «Geheimwissenschaft im Umriß» dargestellt worden ist, daß im wesentlichen das, was der Mensch heute als seinen physischen Leib an sich trägt, eine Erbschaft ist des ersten, zweiten, dritten und vierten Zustandes, daß dasjenige, was der Mensch als seinen Ätherleib an sich trägt, ein Ergebnis ist des zweiten, dritten und vierten Zustandes; was wir als seinen astralischen Leib bezeichnen, ist das Ergebnis des dritten und vierten Zustandes, und sein Ich kommt jetzt in unserer Erdenentwickelung zum Vorschein. Es wird ferner zum Vorschein kommen, wenn die Erde in ihre nächsten Zustände eingetreten ist, dasjenige, was heute im Menschen nur keimhaft angedeutet ist, Geistselbst, Lebensgeist und der eigentliche Geistesmensch. Das muß sich im Menschen ebenso herausarbeiten, wie sich in ihm herausgearbeitet hat physischer Leib, Ätherleib, astralischer Leib, und wie das Ich gegenwärtig in seinem Herausarbeiten ist. Aber Sie wissen, wenn Sie überdenken, was als diese kosmisch-irdische Evolution an Sie herangebracht werden kann: Während der Erdenentwickelung können ja doch nur die Keime von Geistselbst, Lebensgeist und Geistesmensch entwickelt werden, denn es muß abgewartet werden die Umwandlung der Erde in ihre drei nächstfolgenden Zustände, wenn das zum Vorschein kommen soll. Und aus der Schilderung, die ich gegeben habe in meiner «Geheimwissenschaft», werden Sie ersehen, daß im wesentlichen das Geistselbst die Umwandlung des astralischen Leibes zu einer höheren Stufe bedeutet, daß der Lebensgeist die Umwandlung des Ätherleibes zu einer höheren Stufe und der Geistesmensch die Umwandlung des physischen Leibes zu einer höheren Stufe bedeutet. Aber diese Umwandlung des physischen Leibes zu einer höheren Stufe wird ja erst im siebenten Zustande – und so entsprechend auch die Umwandlung der anderen Glieder – stattfinden. Aber daß das stattfinden muß, das kann der Mensch heute schon einsehen; er kann heute den Gedanken aufnehmen, daß das stattfinden muß. Ja, noch mehr kann der Mensch heute begreifen, wenn er unbefangen über die naturwissenschaftliche Beschränktheit heraus den Seelenblick auf sein eigenes Wesen lenkt. Er muß sich sagen: Gewiß, ich kann nicht in meinem astralischen Leib während des Erdendaseins das Geistselbst erringen, ich kann nicht während des Erdendaseins in meinem Ätherleib den Lebensgeist, in meinem physischen Leib den Geistesmenschen erringen, aber seelisch muß ich das vorbilden. Und indem ich jetzt die Bewußtseinsseele ausbilde, bereite ich mich vor, in dem nächsten, in dem sechsten Zeitalter das Geistselbst in diese Bewußtseinsseele hereinzunehmen. Zwar kann ich noch nicht das Geistselbst in meinen ganzen astralischen Leib hineinbringen, aber ich muß es in meine Bewußtseinsseele hereinbringen. Ich muß innerlich als Mensch lernen so zu leben, wie ich einstmals leben werde, wenn die Erde in ihren nächsten Entwickelungszustand durch eine gewisse, selbstverständlich kosmische Entwickelung übergegangen sein wird. Und ich muß noch während des Erdendaseins diese Zukunftszustände wenigstens in mein Inneres hereinnehmen. Ich muß mein Inneres keimhaft vorbereiten, so daß auch mein Äußeres in der Zukunft in einer solchen Weise sich gestalten kann, wie ich es heute verstehen muß.

Nun machen Sie sich einmal empfindungsgemäß klar, was da eigentlich vorliegt. Der Mensch wächst ja schon jetzt in das Geistselbst hinein, wie ich das öfter dargestellt habe, der Mensch wächst in Bewußtseinszustände hinein, von denen er sich sagen muß, sie sind eigentlich so, daß sie während der Erdenzeit nicht vollständig herauskommen können. Diese Bewußtseinszustände wollen ihn eigentlich auch in bezug auf seine äußeren Hüllen, in bezug auf Astralleib, Ätherleib und physischen Leib umgestalten; aber das kann er als Erdenmensch nicht.

Der Mensch muß sich sagen: Für den Rest der Erdenentwickelung muß ich durch diese so durchgehen, daß ich eigentlich überall empfinde: Ich bereite mich vor durch mein Inneres zu Zuständen, die ich jetzt noch nicht entwickeln kann. – Das muß die normale Entwickelung der Zukunft sein, daß der Mensch sich sagt: Ich sehe das Menschenwesen als etwas an, was eigentlich durch sein inneres Wesen hinauswächst über das, was ich als Erdenmensch werden kann. Ich muß mich als Erdenmensch gewissermaßen als Zwerg fühlen gegenüber dem, was der eigentliche Mensch ist. Und aus dem Unbefriedigten, das richtig erzogene Kinder schon in der allernächsten Zeit haben werden, wird eben gerade dieses Gefühl herauswachsen. Die Kinder werden empfinden: Mit aller intellektualistischen Bildung kommt man nicht dazu, das Rätsel des Menschen zu lösen. Der Mensch fällt heraus aus dem, was man intellektualistisch wissen kann, aus dem sozialen Gestalten. All das, was sich unter den Wilsonschen Dummheitsformeln und unter dem, was sonst als Chauvinismus durch die Welt geht, entwickeln wird, das werden ja lauter Unmöglichkeiten sein. Die moderne Zivilisation geht durch all diese Dinge lauter Unmöglichkeiten entgegen. Richten Sie noch mehr nationale Reiche auf innerhalb der modernen Zivilisation, so liefern Sie noch mehr Zerstörungskeime – und aus alledem, was sich da ablagert auf den Seelen, wird hervorgehen eben gerade dasjenige Gefühl, was ich jetzt Ihnen von einer anderen Seite her geschildert habe. Der Mensch wird sich sagen: Ja, aber des Menschen Wesen, das mir innerlich aufleuchtet, ist ein viel höheres als dasjenige, was ich da äußerlich verwirklichen kann. Ich muß etwas ganz anderes in die Welt hineintragen. Ich muß in die soziale Struktur etwas ganz anderes hineintragen, etwas, was aus geistigen Höhen her erkannt wird. Ich kann mich nicht dem überlassen, was ich aus der Naturwissenschaft für die soziale Wissenschaft und dergleichen lernen kann. – Aber den inneren Zwiespalt muß der Mensch empfinden zwischen diesem zwerghaften Dasein auf der Erde und dem, was ihm aufleuchtet als einem kosmischen Wesen, als das er sich empfinden wird. Aus all dem, was die moderne Bildung, diese heute so vielgepriesene, angebetete Bildung dem Menschen geben kann, wird herauswachsen, daß er sich auf der einen Seite als Erdenmensch fühlt, und auf der anderen Seite, daß er sich sagt: Aber der Mensch ist mehr als ein Erdenwesen. Die Erde kann gar nicht den Menschen ausfüllen, sie muß, wenn sie ihn ausfüllen will, sich erst in andere Zustände verwandeln. – Der Mensch ist ja auch kein Erdenwesen in Wirklichkeit, der Mensch ist in Wirklichkeit ein kosmisches Wesen, ein Wesen, das dem ganzen Weltenall angehört. Auf der einen Seite wird der Mensch erdgebunden sein, auf der anderen Seite wird er sich als ein kosmisches Wesen fühlen. Und dieses Gefühl wird sich in ihm ablagern. Wenn das einmal nicht mehr Theorie ist, sondern gefühlt wird von einzelnen Menschen, die durch ihr entsprechendes Karma herauswachsen aus dem, was heute triviales Gefühl ist, wenn die Menschheit sich angeekelt fühlt und dadurch zu einer Umkehr kommt über das Fühlen der bloß vererbten Eigenschaften, über das Fühlen des Chauvinismus, nur dann wird eine Art Reversion eintreten. Der Mensch wird sich als kosmisches Wesen fühlen. Er wird verlangen wie mit ausgestreckten Armen nach einer Enträtselung seines kosmischen Wesens. Das ist, was in den nächsten Jahrzehnten kommt, daß der Mensch wie – ich meine das jetzt natürlich symbolisch – mit ausgestreckten Armen fragt: Wer enträtselt mir mein Wesen als ein kosmisches Wesen? Alles, was ich auf der Erde ergründen kann, was mir die Erde geben kann, alles, was ich aus der modernen Wissenschaft, die heute so geschätzt wird, entnehmen kann, enträtselt mich nur als Erdenwesen, läßt mir gerade das eigentliche Wesen des Menschen als ein ungelöstes Rätsel erscheinen. Ich weiß, ich bin ein kosmisches, ich bin ein überirdisches Wesen; wer enträtselt mir mein überirdisches Wesen?

Als eine Grundempfindungsfrage wird das aus den Seelen heraus leben. Wichtiger als alle anderen Dinge, die in den nächsten Jahrzehnten auftreten können, noch bevor das Jahrhundert seiner Hälfte sich nähert, wichtiger als alle anderen Empfindungen, die auftreten können, wird gerade diese Empfindung sein. Und aus der Erwartung, aus dem Verlangen, daß doch etwas da sein muß, was dieses menschliche Rätsel löst, dieses Rätsel, daß der Mensch doch ein kosmisches Wesen ist, aus diesem Gestimmtsein gegenüber dem Kosmos: Es muß das aus dem Kosmos einmal heraus sich enthüllen, was nicht von der Erde kommen kann –, aus dem heraus wird die Stimmung entstehen, der

der Kosmos entgegenkommt. So wie zur Zeit des Mysteriums von Golgatha der physische Christus erschienen ist, so wird der geistige Christus der Menschheit erscheinen, der allein Antwort geben kann, weil er nicht irgendwo ist, weil er charakterisiert werden muß als ein Wesen, das sich aus Außerirdischem mit der irdischen Menschheit verbunden hat. – Man wird begreifen müssen: Beantwortet werden kann die Frage nach dem kosmischen Menschen nur dann, wenn dem Menschen zu Hilfe kommt dasjenige, was aus dem Kosmos heraus sich mit dem Erdendasein verbindet. So wird die Lösung sein der bedeutsamsten Disharmonie, die jemals im Erdendasein hervorgetreten ist: der Disharmonie des menschlichen Erfühlens als eines irdischen Wesens und seiner Erkenntnis, daß er ein überirdisches, ein kosmisches Wesen ist. Die Erfüllung dieses Dranges wird ihn dazu vorbereiten, zu erkennen, wie aus grauen Geistestiefen heraus sich ihm offenbaren wird dieses Christus-Wesen, das nun geistig zu ihm sprechen wird, wie es im Physischen während der Zeit des Mysteriums von Golgatha zu ihm gesprochen hat. Es wird der Christus nicht kommen im geistigen Sinn, wenn die Menschen nicht dazu vorbereitet sind. Aber vorbereitet dazu können sie nur sein durch die Art, wie ich es eben auseinandergesetzt habe, indem sie die geschilderte Diskrepanz empfinden, indem der Zwiespalt furchtbar auf ihnen lastet: Ich bin ja zunächst ein Erdenwesen. Die intellektuelle Entwickelung der letzten Jahrhunderte hat alles das gebracht, was mich erscheinen läßt als ein Erdenwesen. Aber ich bin kein Erdenwesen. Ich muß mich verbunden fühlen mit einem Wesen, das nicht von dieser Erde ist, das wirklich in Wahrheit, und nicht mit der theologischen Verlogenheit sagen kann: «Mein Reich ist nicht von dieser Welt.» Denn der Mensch wird sich sagen müssen: Mein Reich ist nicht von dieser Welt. – Daher wird er verbunden sein müssen mit einem Wesen, dessen Reich nicht von dieser Welt ist.

Gerade aus den Wissenschaften heraus, die sich, wie ich geschildert habe, mit rasender Eile zum populären Bewußtsein verbreiten werden, muß sich das entwickeln, was die Menschheit der Wiedererscheinung des Christus von der ersten Hälfte des 20. Jahrhunderts an entgegenführt. Das konnte natürlich nicht eintreten in derjenigen Seelenverfassung, in der die zivilisierte Welt vor dem Jahre 1914 war, wo alles

Reden von Idealen, alles Reden von Spiritualität im Grunde genommen eine Verlogenheit war. Die Not muß dem Menschen wahrmachen das Streben nach der Geistigkeit. Und der Christus wird erscheinen niemand anderen als denjenigen, die verlassen all das, was Verlogenheit über das irdische Leben ausbreitet. Und keine soziale Frage wird gelöst werden, die nicht verbunden gedacht wird mit diesem geisteswissenschaftlichen Streben, das den Menschen in Wahrheit wieder als ein überirdisches Wesen erscheinen läßt. Unsere sozialen Lösungen werden in demselben Maße sich ergeben, als die Menschen den Christus-Impuls in ihrer Seele werden empfinden können. Alle anderen sozialen Lösungen werden nur in Zerstörung, in Chaos hineinführen. Denn alle anderen Lösungen gehen darauf aus, den Menschen als ein irdisches Wesen zu beschreiben. Aber der Mensch wächst heraus – gerade in unserem Zeitalter wächst er heraus – aus jener Seelenverfassung, die ihn in seinem Bewußtsein für sich selber ein bloß irdisch-physisches Wesen sein läßt. Aus der Gestimmtheit der Menschenseele und aus der Not heraus wird sich das neue Christus-Erlebnis bilden.

Um so mehr aber muß hingesehen werden auf alles, was das Herankommen dieses neuen Christus-Erlebnisses verhindert.

Wir haben ja, indem wir unmittelbar auf Angriffe auf unsere eigene Sache hinweisen mußten, auch hier gesehen, wie eigentlich die Menschen sich so stellen zu der heraufkommenden Geisteswissenschaft, daß sie sie aus innerer Unwahrheit heraus bekämpfen.

Auf diesem Gebiete erlebt man wirklich heute etwas, was ganz unbefangen ins Auge gefaßt werden muß. Man möchte sagen, fast jeden Tag wird ja jetzt einmal die Geisteswissenschaft totgeschlagen. Der letzte dieser Totschläge ist ja derjenige, den ein Professor der Theologie, *Karl Goetz,* verübt hat in Übereinstimmung mit einem anderen Doktor der Theologie, einem gewissen *Heinzelmann.* Ich will ganz absehen davon, daß jener Doktor der Theologie, Karl Goetz, einen Angriff auf die Geisteswissenschaft oder, wie er sagt, wie es zum Beispiel nach dem Zeitungsbericht heißt, auf die sogenannte Geisteswissenschaft verübt hat – an diese Dinge gewöhnt man sich ja heute, namentlich hier in Dornach, allmählich mehr und mehr. Aber man kann das ganze, was da von einem Dr. theol. Goetz verübt worden ist, auch noch von einem anderen Standpunkte aus betrachten. Man kann es von dem Standpunkte aus betrachten, wie unwissend diese offizielle Gelehrsamkeit ist, die die Heranbildung der heutigen Jugend in der Hand hat. Man kann abstrahieren davon, daß ein Angriff auf die Geisteswissenschaft vorliegt, aber man kann auf das Folgende seine Blicke richten, und ich will einige charakteristische Dinge herausheben – allerdings nur nach dem Zeitungsbericht –, die gerade in diesem Angriff vorkommen sollen. Da wird also hingewiesen auf die Erkenntnismethode der Geisteswissenschaft von einem Manne, dessen Beruf es ist, über die Christologie zu sprechen, der sein Brot dafür ißt, daß er die Jugend aufzieht in Christologie. Von diesem Manne wird über die Erkenntnismethode der anthroposophischen Wissenschaft so gesprochen, daß er sagt, was da angestrebt werde als Imagination, als Intuition, das beruhe darauf, daß durch die Übungen künstlich gehemmte und verdrängte Vorstellungstätigkeit hervorgerufen werde, und daß die dabei ersparte Nervenenergie dann jene Vorstellungsbilder erzeuge, welche der Anthroposoph Imagination und Intuition nennt.

Also, sehen Sie sich den Mann einmal an: künstlich gehemmte und verdrängte Vorstellungstätigkeit, und dabei ersparte Nervenenergie! Ganz abgesehen davon, daß der Mann selbstverständlich von ersparter Nervenenergie nur als von einer ganz vagen Hypothese reden kann, denn kein Mensch kann sich heute aus der Wissenschaft heraus irgend etwas vorstellen unter ersparter Nervenenergie, aber er redet von künstlich gehemmter und von verdrängter Vorstellungstätigkeit. Hat dieser Mann in *seiner* wissenschaftlichen Gewissenhaftigkeit – ich muß in diesem Falle das Wort richtig wählen: «wissenschaftliche Gewissenhaftigkeit», ich sage es jetzt in Gänsefüßchen – sich jemals wirklich beschäftigt mit dem, was zum Beispiel hier als die Erkenntnismethode angewendet wird, um zu Imaginationen zu kommen? Kann man da reden von künstlich gehemmter oder verdrängter Vorstellungstätigkeit? Nun, der Mann könnte sich das beantworten, wenn er die anthroposophische Literatur vornähme. Diejenigen Vorstellungen, die er als seine normalen betrachtet, die werden wahrhaftig nicht zurückgedrängt. Hätte der Mann nur ein wenig sich erkundigt, ob hier verdrängte Vorstellungen walteten, als unser Hochschulkursus abgehalten wurde, dann könnte er nicht davon reden, daß hier Vorstellungstätigkeit unterdrückt wird. Es kommt immer reichlich noch dasjenige heraus an nichtunterdrücktem Vorstellungsleben, das, mindestens in bezug auf manche Fachwissenschaften, auch begreifen kann, was der Mann begreifen kann. Also von unterdrückter Vorstellungstätigkeit kann gar nicht gesprochen werden. Und würde er sich jemals in seiner sogenannten «wissenschaftlichen Gewissenhaftigkeit» bekanntgemacht haben mit dem, was hier geschildert wird als der Weg in die geistigen Welten, so würde er sehen: Künstlich gehemmt wird da nämlich gar nicht, sondern da wird freigemacht. Nichts anderes liegt vor, als daß der Mann kein Sterbenswörtchen von dem verstanden hat, was in meinem Buch «Wie erlangt man Erkenntnisse der höheren Welten?» steht. Und nichts weiß er von Erkenntnismethoden der Geisteswissenschaft als dasjenige, was er nach seiner Seelenverfassung aus den Meditationserfolgen einiger alter Tanten ablesen kann. Von dem übrigen versteht er nichts. Das wirkt heute als «wissenschaftliche Gewissenhaftigkeit» in dem, was offizielle Wissenschaft ist.

Was er dann weiter redet, daß durch die Zurückstauung dieser gehemmten Vorstellungen – es soll sich ein Mensch dabei nur etwas vorstellen, wenn da wie Wasser zurückgestaut sind die Vorstellungen –, daß durch dieses Zurückstauen nun die Imaginationen lebendig werden, so daß sie wie sinnliche Wahrnehmungen sich ausnehmen, ja, ich möchte die Seiten zusammenzählen, wo immer und immer wiederum in meinen Büchern gesagt wird, daß Imaginationen nichts ähnliches haben mit sinnlichen Vorstellungen, mit sinnlichen Wahrnehmungen. Das wird in aller Breite überall auseinandergesetzt. Was herrscht also in dieser «wissenschaftlichen Gewissenhaftigkeit»? Die Lüge, die vielleicht aus der Ohnmacht hervorgeht, aus dem Unvermögen. Aber diese Lüge, sie breitet sich insbesondere im Theologischen, im Philosophischen, im Geschichtswissenschaftlichen, im Juristischen und in ähnlichen Unterrichtszweigen mit rasender Eile aus. Auf diese Tatsache sollte die moderne Menschheit hinschauen. Denn in diesen Tatsachen liegen die Gründe für das Hineinsteuern in das Chaos, nicht in jenen Redereien, die die Woodrow Wilsoneanerei aus ihren gehaltleeren Worten und dergleichen fabriziert.

Dann kommt noch eine schöne Stelle, wie gesagt, ich kann alles nur aus dem Zeitungsbericht besprechen: Weil sie unwillkürlich aufsteigen, diese durch das zurückgestaute Vorstellungselement lebendig gewordenen Imaginationen, deshalb werden sie als leibfreie Erlebnisse geschildert –, so sagt er. Wiederum hat er in seiner «wissenschaftlichen Gewissenhaftigkeit» niemals sein Auge darauf hingerichtet, wie gezeigt wird, daß gar nichts unwillkürlich aufsteigt, wie das willkürliche Vorstellen gerade im geisteswissenschaftlichen Erkennen eine Steigerung erfährt. Vielleicht aus spiritistischen oder aus medialen Kindskopfstuben heraus hat sich der Mann seine Kenntnisse gebildet. Dann soll er den kindsköpfigen Spiritismus, die kindsköpfige Mediumschaft treffen, aber er soll die Hand weglassen von demjenigen, wovon er nichts versteht und nichts verstehen will.

Und weiter erzählt er: Durch die Bewußtseinsspaltung wird das hervorgerufen, was dann die Imagination personifiziert. – Das ist eine gewissenlose, lügenhafte Verdrehung alles dessen, was dargestellt wird in meinen Büchern als die Erkenntnismethode der Geisteswissenschaft! Dadurch macht sich der Mann dann den Boden zurecht, um in seiner Art zuletzt sagen zu können, daß zwar diese Geisteswissenschaft das Christentum nicht bekämpft, aber daß sie doch kulturell wertlos ist. Und jetzt kommt etwas ganz besonders «Schönes»: Diese Geisteswissenschaft ist kulturell wertlos, denn die Telepathie wird niemals den Telegraphen ersetzen, das Gedankenlesen wird nicht das Telephon ersetzen und die magnetische Heilkraft niemals die Medizin!

Also, während hier im Goetheanum während dieses Hochschulkursus über Medizin gesprochen worden ist, wahrhaftig mit Ausschluß alles Dilettantismus in magnetischen Heilkräften, und während in Wirklichkeit hingedeutet worden ist auf das ganz ernsthaftig Medizinische, redet ein theologischer Doktor unmittelbar in der Nachbarschaft, nachdem dieser Kursus abgelaufen ist, davon, daß die ganzen Bestrebungen der Geisteswissenschaft darinnen bestünden, die Medizin ersetzen zu wollen durch magnetische Heilkräfte. Und mit solchem Gerede erlebt ein heutiger Dr. theol. Erfolge bei dem heutigen Publikum! Und er erlebt Erfolge, wenn ihm dann das Heinzelmännchen beispringt, ein modernes Heinzelmännchen, und zuletzt hinzufügt, daß man mit der Geisteswissenschaft doch nicht den Christus finden kann, sondern nur durch die Evangelien. Nun sollte man dieses Heinzelmännchen einmal fragen: Mit welchem der Evangelien? – Man sollte dieses Heinzelmännchen fragen: Was habt ihr denn mit eurer Theologie aus den Evangelien gemacht? – Das habt ihr gemacht, daß schließlich die ganze Christologie aus der modernen Entwickelung verschwunden ist. Und jetzt, nachdem der Brei da ist, hört man von dieser Seite reden: Was von der Geisteswissenschaft kommt, das braucht man nicht für das Christliche, denn da muß die Einfachheit der Evangelien wirken. – Ist das nicht die allergründlichste Verlogenheit? Eine Verlogenheit ist es, zu wissen, was die moderne Evangelienkritik geliefert hat, und sich dann hinzustellen und zu sagen: Es muß Rettung für Zeit und Ewigkeit kommen aus den Evangelien ohne die Geisteswissenschaft.

Was von dieser Seite kommt, was ist es denn? Es ist Verleugnung des Christus. Und die stärksten Verleugner des Christus sind heute die Theologen. Diejenigen, die nur ja keine wahre Idee von dem Christus heraufkommen lassen wollen, das sind heute die Theologen. Und ehe das nicht eingesehen ist, daß dieses neue Erlebnis des Christus im 20. Jahrhundert so heraufkommen muß, daß zunächst die Theologie aller Konfessionen den Christus verleugnet hat, eher wird er nicht kommen. Er wird den Menschen wieder erscheinen, wenn ihn diejenigen, die «von den Seinen» sind, die modernen Schriftgelehrten und Pharisäer, völlig verleugnet haben.

Es ist nicht leicht, diese Dinge in aller Stärke zu durchschauen, denn man sieht dann immer auch, wie wenig die Menschen der Gegenwart geneigt sind, mit solchem Durchschauen zu rechnen. Die Gegner stehen auf ihren Posten. Die Gegner entwickeln alle Intensität des Kampfes. Unser Kampf, dasjenige, was wir vermögen, ist schwach, recht schwach, und unsere Auffassung der Anthroposophie ist in vieler Beziehung schläfrig, recht schläfrig. Das ist der große Schmerz, der sich heute ablagert auf den, der die Dinge voll durchschaut. Man fühlt es so oft, wie man mit dem, von dem man meint, daß es aus den Forderungen der Zeit heraus gesprochen ist, daß es gerade gesprochen ist zur sozialen Heilung der Zeit, wie man mit dem eigentlich kaum etwas anderes sagt als etwas, was die Menschen als ein gesprochenes Feuilleton hinnehmen. Man möchte die Menschen aufrufen, daß sie hineinnehmen in alle Gestaltung des Lebens dasjenige, was aus der Geisteswissenschaft kommen kann, und man sieht, wie die Menschen das Leben laufen lassen, hinschauen auf diejenigen, die aus Verlogenheit heraus dieses Leben dirigieren, und aus einer gewissen inneren Wollust heraus zuhören dem, was sie als ein gesprochenes Feuilleton der Geisteswissenschaft aufnehmen. Das ist es, was noch erstehen muß: der tiefe, der heilige Ernst im Aufnehmen des Geisteswissenschaftlichen, das Abgewöhnen dessen, was die Menschen dazu bringt, wie irgendein anderes literarisches Produkt, so auch die Geisteswissenschaft aufzunehmen als etwas, an dem man sich in einer etwas besseren Weise amüsiert, weil es einem die Sehnsucht nach dem Weiterleben nach dem Tode garantiert. Es ist heute noch ein furchtbarer Abstand zwischen dem, was notwendig ist im Aufnehmen der Geisteswissenschaft, und dem, was wirklich da ist. Sehen Sie, man kann ganz absehen von dem, was ein solcher Angriff auf die Anthroposophie ist bei einem Goetz oder bei einem Heinzelmann, man braucht nur hinzuschauen auf ihre Fähigkeiten und man muß sich sagen: Wie war denn die Auslese der Menschheit, daß sie diese Leute auf solch führende Posten gebracht hat? – Ehe man sich aber nicht diese Frage in der intensivsten Weise stellen will, ehe man nicht hinschauen will, wo es eigentlich fehlt, eher kommt man nicht weiter. Alles Deklamieren von sozialen oder ähnlichen Idealen nützt nichts, wenn man nicht hinschauen will auf dieses ganz prinzipiell in unserer Gegenwart Lebende. Denn die Schäden unserer Zeit gehen von unserem verkehrten Geistesleben aus, das allmählich ganz tief in die Unwahrheit hineingekommen ist, und das sich nicht einmal bewußt ist, wie tief es in der Unwahrheit drinnen lebt. Wie sehr kontrastiert von dem, was notwendig ist, die Art, wie dasjenige, was hier gesprochen wird, aufgenommen wird! Es ist nicht als ein gesprochenes Feuilleton gemeint, es ist gemeint als eine Lebenskraft, und man wird allmählich sich dazu bequemen müssen, es als eine Lebenskraft zu verstehen.

Das ist es, was ich Ihnen heute sagen wollte im positiven und im negativen Sinne über – um jetzt das triviale Wort zu gebrauchen – den Geist unseres Zeitalters. Dieser Geist unseres Zeitalters sollte der Geist der Erwartung sein, er sollte der Geist sein, der aus der Erwartung heraus sich ein Verständnis für das große, aus der Not geborene Erlebnis von der ersten Hälfte des 20. Jahrhunderts entwickelt. Aber ohne daß man in Wahrheit auf alles, was ein Hemmschuh ist, hinschaut, wird man heute nicht diesem Erlebnis entgegengehen können. Will man heute, wie man es so gerne aus Bequemlichkeit, aus innerer Wollust tut, das Knie beugen vor dem Traditionellen, und will man sich nicht bewußt werden, daß man mit dieser Kniebeuge eine tiefe Unwahrheit an den Tag legt, dann wird man sich nicht reif machen für das Christus-Erlebnis des 20. Jahrhunderts. Aber von diesem Reifmachen hängt alles ab. Alles hängt davon ab, daß wir die theologische Rederei über den Christus überwinden, um zum Verständnis des Christus wirklich vorzudringen.

# HINWEISE

*Textunterlage:* Die Vortragsreihe wurde von der Berufsstenographin Helene Finckh, 1883–1960, mitstenographiert. Dem Druck liegt ihre Übertragung in Klartext zugrunde. Für die 3. Auflage von 1980 wurde der Text nochmals mit dieser Übertragung verglichen. Teilweise wurde auch das Originalstenogramm hinzugezogen. Änderungen gegenüber der 1. und 2. Auflage gehen darauf zurück.

*Werke Rudolf Steiners,* welche in der Gesamtausgabe (GA) erschienen sind, werden in den Hinweisen mit Bibliographie-Nummer und Erscheinungsjahr der letzten Auflage angegeben. Siehe auch die Übersicht am Schluß des Bandes.

zu Seite

9 *in den Vorträgen ... über Geschichte:* Gemeint sind die Vorträge von Dr. Karl Heyer, die er während des ersten anthroposophischen Hochschulkurses am Goetheanum zu dem Thema «Anthroposophische Betrachtungen über die Geschichtswissenschaft und aus der Geschichte» am 14., 15. und 16. Oktober 1920 gehalten hat; abgedruckt in «Kultur und Erziehung», (3. Bd. der Anthr. Hochschulkurse), Stuttgart 1921.

*Mit einem deutlichen Kundgeben ist ... Wilhelm von Humboldt aufgetreten:* Siehe Wilhelm von Humboldt (1767–1835) «Über die Aufgabe des Geschichtsschreibers» im IV. Bd. von H.s Werken, hg. von Leitzmann, Berlin 1905, S. 35 bis 56. Daraus einige einschlägige Stellen:

«Das Geschäft des Geschichtsschreibers in seiner letzten, aber einfachsten Auflösung ist Darstellung des Strebens einer Idee, Dasein in der Wirklichkeit zu gewinnen. Denn nicht immer gelingt ihr dies beim ersten Versuch, nicht selten auch artet sie aus, indem sie den entgegenwirkenden Stoff nicht rein zu bemeistern vermag.»

«Die Wahrheit alles Geschehenen beruht auf dem Hinzukommen jenes obenerwähnten unsichtbaren Teils jeder Tatsache, und diesen muß daher der Geschichtsschreiber hinzufügen. Von dieser Seite betrachtet, ist er selbsttätig und sogar schöpferisch, zwar nicht indem er hervorbringt, was nicht vorhanden ist, aber indem er aus eigner Kraft bildet, was er, wie es wirklich ist, nicht mit bloßer Empfänglichkeit wahrnehmen konnte. Auf verschiedene Weise, aber ebensowohl als der Dichter muß er das zerstreut Gesammelte in sich zu einem Ganzen verarbeiten.»

«Es mag bedenklich scheinen, die Gebiete des Geschichtsschreibers und Dichters sich auch nur in einem Punkte berühren zu lassen. Allein die Wirksamkeit beider ist unleugbar eine verwandte. Denn wenn der erstere, nach dem vorigen, die Wahrheit des Geschehenen durch die Darstellung nicht anders erreicht, als indem er das Unvollständige und Zerstückelte der unmittelbaren Beobachtung ergänzt und verknüpft, so kann er dies, wie der Dichter, nur durch die Phantasie. Da er aber diese der Erfahrung und der Ergründung der Wirklichkeit unterordnet, so liegt darin der, jede Gefahr aufhebende, Unterschied. Sie wirkt in dieser Unterordnung nicht als reine Phantasie, und heißt darum richtiger Ahndungsvermögen und Verknüpfungsgabe.»

10

«Nach dem Notwendigen muß daher auch der Geschichtsschreiber streben, nicht den Stoff, wie der Dichter, unter die Herrschaft der Form der Notwendigkeit geben, aber die Ideen, welche ihre Gesetze sind, unverrückt im Geiste behalten, weil er, nur von ihnen durchdrungen, ihre Spur bei der reinen Erforschung des Wirklichen in seiner Wirklichkeit finden kann.» –

«Der Geschichtsschreiber umfaßt alle Fäden irdischen Wirkens und alle Gepräge überirdischer Ideen; die Summe des Daseins ist, näher oder entfernter, der Gegenstand seiner Bearbeitung, und er muß daher auch alle Richtungen des Geistes verfolgen. Spekulation, Erfahrung und Dichtung sind aber nicht abgesonderte, einander entgegengesetzte und beschränkende Tätigkeiten des Geistes, sondern verschiedene Strahlseiten derselben.»

«Außerdem, daß die Geschichte, wie jede wissenschaftliche Beschäftigung, vielen untergeordneten Zwecken dient, ist ihre Bearbeitung, nicht weniger als Philosophie und Dichtung, eine freie, in sich vollendete Kunst.»

«Wie die Philosophie nach dem ersten Grunde der Dinge, die Kunst nach dem Ideale der Schönheit, so strebt die Geschichte nach dem Bilde des Menschenschicksals in treuer Wahrheit, lebendiger Fülle, und reiner Klarheit, von einem dergestalt auf den Gegenstand gerichteten Gemüt empfunden, daß sich die Ansichten, Gefühle und Ansprüche der Persönlichkeit darin verlieren und auflösen. Diese Stimmung hervorzubringen und zu nähren, ist der letzte Zweck des Geschichtsschreibers, den er aber nur dann erreicht, wenn er seine nächsten, die einfache Darstellung des Geschehenen, mit gewissenhafter Treue verfolgt.»

10 *Ideen ... sind eben Abstraktionen, wie ich schon gestern hier erwähnte:* Siehe die Abschiedsworte Rudolf Steiners nach Schluß des ersten anthroposophischen Hochschulkurses am 16. Oktober 1920 in «Die Kunst der Rezitation und Deklamation», 1. Aufl. Dornach 1928, S. 118 f. (In der Neuaufl. vorgesehen in Bibl.-Nr. 253).

*Ich habe schon öfter erwähnt:* Siehe «Geschichtliche Symptomatologie» (9 Vorträge, Dornach 1918), Bibl-Nr. 185, GA 1962.

11 *Goethe sagt geradezu:* Vgl. «Bedeutende Fördernis durch ein einziges geistreiches Wort» in «Goethes Naturwissenschaftliche Schriften», herausg. und kommentiert von Rudolf Steiner in Kürschners «Deutsche National-Litteratur», Band II, S. 34f. (Bibl.-Nr. 1b, GA 1975), wo es wörtlich heisst: « . . . ich raste nicht, bis ich einen prägnanten Punkt finde, von dem sich vieles ableiten läßt, oder vielmehr, der vieles freiwillig aus sich hervorbringt und mir entgegen trägt, da ich denn im Bemühen und Empfangen vorsichtig und treu zu Werke gehe. Findet sich in der Erfahrung irgend eine Erscheinung, die ich nicht abzuleiten weiß, so laß' ich sie als Problem liegen, und ich habe diese Verfahrungsart in einem langen Leben sehr vorteilhaft gefunden: denn wenn ich auch die Herkunft und Verknüpfung irgend eines Phänomens lange nicht enträtseln konnte, sondern es beiseite lassen mußte, so fand sich nach Jahren auf einmal alles aufgeklärt in dem schönsten Zusammenhange».

12 *Alkuin* (eigentl. Alhwin oder Alchwin, d. i. Freund des Tempels), um 735 bis 804, Rektor der Klosterschule in York; folgte 782 dem Rufe Kaiser Karls des Großen und übernahm die Leitung der Hofschule, förderte die Wissenschaften in den Klöstern und erhob die von ihm gestiftete Schule des Klosters St. Martin in Tours, dessen Abt er seit 796 war, zum Hauptsitz der Wissenschaften. –

Die Auseinandersetzung mit dem Griechen wird in «Alcuin und sein Jahrhundert» von Karl Werner, Wien 1881 im 11. Kapitel (S. 166 f.) folgendermaßen geschildert: «So wollte Karl einmal von Alcuin erfahren, was über die Ansicht eines griechischen Gelehrten zu halten sei, der vermutlich Mitglied einer byzantinischen Gesandtschaft an Karl's Hof, dem Kaiser gegenüber die Meinung ausgesprochen hatte, daß Christus die Sühne für unsere Schuld an den Tod gezahlt habe. Alcuin bezeichnet diese Ausdrucksweise und die damit verbundene Vorstellung als durchaus unzulässig, da Christus kein Schuldner des Todes war, noch auch sein konnte; der Preis für unsere Erlösung wurde von Christus an den göttlichen Vater gezahlt, dem er sterbend seine Seele empfahl. Der Tod ist überhaupt gar keine wesenhafte Realität, sondern seinem Begriffe nach etwas rein Negatives, die bloße Abwesenheit oder Carenz des Lebens; ist er nichts Seiendes, so kann er auch nichts entgegennehmen, also an ihn keine Zahlung geleistet werden. Im Gegenteil ist in der Person Christi der Tod, den Gott nicht geschaffen hat, selber zur Sühnleistung für unsere Schuld geworden, und hat uns durch dieselbe das Leben erworben, das er selbst in seiner Heilandsmacht uns verleiht.»

15 *Autorfrage ... Dionysius vom Areopag:* Rudolf Steiner machte verschiedentlich darauf aufmerksam, daß der Inhalt der von 533 n. Chr. erwähnten Schriften des Dionysius Areopagita tatsächlich auf den in der Apostelgeschichte (17,34) erwähnten zurückgehen. Vgl. die Vorträge vom 17. und 25. März 1907 in «Die Mysterien des Geistes, des Sohnes und des Vaters», eine Osterbetrachtung, Dornach 1962, S. 9 f. und 23 f. – Die Schriften des Dionysius wurden ins Deutsche übertragen von J. G. V. Engelhardt und erschienen Sulzbach 1823.

*Johann Scotus Erigena,* um 810 bis ca. 877. Übersetzer der Schriften des Dionysius Areopagita ins Lateinische (s. o.).

*Nikolaus Cusanus,* (Nikolaus Chrypffs aus Kues), 1401–1464, Kardinal.

18 *Immanuel Kant,* 1724–1804. «Kritik der reinen Vernunft», 1781; «Prolegomena zu einer jeden künftigen Metaphysik ...», 1783.

19 *und Fichte sagt:* Vgl. Johann Gottlieb Fichte (1762–1814), «Erste und zweite Einleitung in die Wissenschaftslehre und Versuch einer neuen Darstellung der Wissenschaftslehre» in Fichtes Werken Bd. III, hg. von Fritz Medicus, Leipzig o. J., insbesondere die zweite Einleitung Abschn. 6, S. 60 ff. und S. 70.

20/82 *in meinen Vorträgen über die Grenzen der Naturerkenntnis:* «Grenzen der Naturerkenntnis» (8 Vorträge, gehalten während des ersten Hochschulkurses in Dornach, 27. 9. – 3. 10. 1920), Bibl.-Nr. 322, GA 1969.

21 *Freiherr Christian von Wolff,* 1679–1754, Philosoph und Mathematiker. «Vernünftige Gedanken von Gott, der Welt und der Seele des Menschen, auch allen Dingen überhaupt», 1719.

*David Hume,* 1711–1776, engl. Philosoph.

22 *Herbert Spencer,* 1820–1903, engl. Philosoph.

*John Stuart Mill,* 1806–1873, engl. Philosoph.

23. f. *das wir im dreigliedrigen Organismus heraussondern wollen:* Siehe Rudolf Steiner «Die Kernpunkte der sozialen Frage in den Lebensnotwendigkeiten der Gegenwart und Zukunft» (1919), Bibl.-Nr. 23, GA 1976.

25 *von dem hier auch Dr. Unger gesprochen hat:* Dr. Carl Unger (1878–1929), hielt in der dritten Woche des ersten Hochschulkurses Vorträge unter dem Titel «Rudolf Steiners Werk». Ein Autoreferat dieser sechs Vorträge findet sich im ersten Bande von Carl Ungers Schriften, Stuttgart 1964.

27 *Dieser Bau steht da:* Das seit 1913 unter der Leitung von Rudolf Steiner im Bau befindliche erste Goetheanum wurde, obwohl im Innern noch nicht fertiggestellt, 1920 in Betrieb genommen. In der Silvesternacht 1922/23 wurde es durch Brand vernichtet.

*Begründung der Waldorfschule:* Die Freie Waldorfschule in Stuttgart wurde im Frühjahr 1919 von dem Kommerzienrat Dr. Emil Molt, zunächst für die Kinder der Waldorf-Astoria-Zigarettenfabrik, begründet. Die Schule stand unter der Leitung von Dr. Steiner, der auch die an ihr wirkenden Lehrkräfte berief und die vorbereitenden seminaristischen Kurse erteilte.

28/124/135/137 *was . . . dieser Hochschulkursus hier leisten wollte:* Der erste antroposophische Hochschulkursus der Freien Hochschule für Geisteswissenschaft am Goetheanum fand statt vom 26. September bis zum 16. Oktober 1920. – Siehe auch die Hinweise zu S. 9, 10, 20 und 25.

28 *Weltschulverein:* Die Anregung zur Begründung eines Weltschulvereins gab Rudolf Steiner während einer Lehrerversammlung am 16. Oktober 1920. Eine Nachschrift dieser Ansprache ist nicht vorhanden.

33 *Wir haben schon im Laufe der Zeit . . . dargelegt:* Siehe «Die soziale Grundforderung unserer Zeit – In geänderter Zeitlage» (12 Vorträge Dornach und Bern 1918), Bibl.-Nr. 186, GA 1979.

34 *Karl Marx,* 1818–1883, Begründer des wissenschaftlichen Sozialismus.

35 *Zar Peter der Große,* 1672–1725.

*Lenin,* eigentl. Wladimir Iljitsch Uljanow, 1870–1924.

*Trotzkij,* eigentl. Leib Bronstein, 1879–1940.

37 *Navigationsakte:* Die Magna Charta Maritima des Oliver Cromwell (1599 bis 1658) bezweckte die Stärkung der englischen Flotte, indem Waren des Auslandes nur auf englischen Schiffen oder Schiffen des Ursprunglandes eingeführt werden durften. Diese Maßnahmen traf vor allem die Vormachtstellung Hollands im internationalen Zwischenhandel empfindlich.

*Kontinentalsperre:* Das am 21. November 1806 von Berlin aus erlassene Dekret Napoleons I. verhängte den strengsten Blockadezustand über die britischen Inseln durch Absperrung des gesamten europäischen Festlandes für Handel und Verkehr mit England.

38 *Alfred von Tirpitz,* 1849–1930, Großadmiral, Staatsmann; schuf die deutsche Kampfflotte.

40 *die Rolle solcher Geheimgesellschaften haben wir ja ... wiederholt besprochen:* Siehe u. a. die Vorträge vom 20. bis 22. Januar 1917 «Das Geheimnis des Lebens nach dem Tode» in «Zeitgeschichtliche Betrachtungen. Das Karma der Unwahrhaftigkeit, Zweiter Teil» (12 Vorträge Dornach 1917), Bibl.-Nr. 174, GA 1964; «Individuelle Geistwesen und ihr Wirken in der Seele des Menschen» (9 Vorträge in versch. Städten 1917), Bibl.-Nr. 178, GA 1974, und «Die okkulte Bewegung im neunzehnten Jahrhundert und ihre Beziehung zur Weltkultur» (13 Vorträge Dornach 1915), Bibl.-Nr. 254, GA 1969.

41 *unwahres Dokument ... der Oxforder Professoren:* Im Oktober 1920 hatten Professoren und Doktoren der Universität Oxford einen Appell an die Professoren für Kunst und Wissenschaft in Deutschland und Österreich gerichtet um, wie es darin heißt, «mit der bitteren Feindseligkeit aufzuräumen, welche unter dem Einflusse des Patriotismus» entstanden sei und zu einer Versöhnung zu finden durch die «brüderlichen Gefühle bei den Studien». – Artikel «Die Völkerversöhnung» in der Basler Nationalzeitung vom 20. Oktober 1920.

53 *Charles Darwin,* 1809–1882.

53/106 *des ökumenischen Konzils:* Das achte ökumenische Konzil von Konstantinopel im Jahre 869 dekretierte unter Papst Hadrian II. gegen Photios, daß der Mensch eine vernünftige und erkennende Seele habe – unam animam rationabilem et intellectualem –, so daß von einem besonderen Geistprinzip im Menschen nicht mehr gesprochen werden durfte. Das Geistige wurde fortan nur mehr als Eigenschaft der Seele angesehen.

54 *Ignatius von Loyola,* 1491–1556, begründete im Jahre 1534 den Jesuitenorden.

58 *Wladimir Sergejewitsch Solowjow,* 1853–1900, russischer Philosoph und Dichter.

59 *Rabindranath Tagore,* 1861–1941, indischer Philosoph und Dichter.

61 *Albertus Magnus,* 1193–1280, scholastischer Philosoph, genannt Doctor universalis.

*Thomas von Aquino,* 1225–1274, Scholastiker, Schüler von Albertus Magnus; genannt Doctor angelicus. 1323 heilig gesprochen.

*Johannes Duns Scotus,* 1266–1308, Scholastiker.

*Roger Bacon,* 1214–1294, Franziskaner, lehrte an der Universität Oxford.

62 *drüben im kleinen Kuppelraum:* Im ersten Goetheanum. Siehe den Hinweis zu S. 18. – Eine Darstellung der einzelnen Motive des kleinen Kuppelraums findet sich in «Der Baugedanke des Goetheanum», Dornach 1952.

65 *Ich habe bereits im Jahre 1891 aufmerksam gemacht:* Siehe das Autoreferat Rudolf Steiners über seinen Vortrag im Wiener Goetheverein am 27. November 1891 «Über das Geheimnis in Goethes Rätselmärchen in den ‹Unterhaltungen deutscher Ausgewanderter›», im «Literarischen Frühwerk» Bd. III, Heft IV, Dornach 1942, vorgesehen in Bibl.-Nr. 51. – Siehe ferner «Goethes Geistesart in ihrer Offenbarung durch seinen ‹Faust› und durch sein ‹Märchen von der grünen Schlange und der Lilie›» (1899), Bibl.-Nr. 22, GA 1979.

59/65 *in Schillers Briefen über die ästhetische Erziehung:* Siehe «Über die ästhetische Erziehung des Menschen», erschienen 1795 in den «Horen». Diese Schrift ging aus Briefen der Jahre 1793–1795 hervor, die Schiller an den Herzog von Augustenburg richtete.

*Goethes «Märchen von der grünen Schlange und der schönen Lilie»:* Erschien 1795 in den «Horen» als Abschluß der Erzählung «Unterhaltungen deutscher Ausgewanderter».

68 *in meinem ersten Mysterium:* Siehe «Die Pforte der Einweihung (Initiation). Ein Rosenkreuzermysterium» (1910) in «Vier Mysteriendramen», Bibl.-Nr. 14, GA 1962.

71 *Ich habe es dargestellt, indem ich vor kurzer Zeit hier darauf hingewiesen habe:* Siehe den ersten Vortrag dieses Bandes.

76 *in meinen «Kernpunkten» . . . geschildert:* Siehe «Die Kernpunkte der sozialen Frage in den Lebensnotwendigkeiten der Gegenwart und Zukunft» (1919), Bibl.-Nr. 23, GA 1976. Für die folgenden Ausführungen vgl. das II. Kapitel «Die vom Leben geforderten wirklichkeitsgemäßen Lösungsversuche für die sozialen Fragen und Notwendigkeiten».

78 *man kann das nachlesen bei Goethe überall:* Vgl. zum Beispiel das Gespräch mit dem Kanzler von Müller am 8. Juni 1830 und dasjenige mit Eckermann am 11. März 1832.

79 f. *Herman Grimm,* 1828–1901. Die Zitate sind dem Aufsatz «Heinrich von Treitschke's Deutsche Geschichte» in «Beiträge zur Deutschen Kulturgeschichte», Berlin 1897, S. 5 f. entnommen.

80 *Erich Ludendorff,* 1865–1937, deutscher General.

81 *Ralph Waldo Emerson,* 1803–1882, amerikanischer Schriftsteller und Philosoph.

81/99 *denkt wie Oswald Spengler:* Hier ist Bezug genommen auf Oswald Spenglers (1880–1936) Werk «Der Untergang des Abendlandes», dessen erster Teil 1918 erschienen war.

82/98 *jetzt hält . . . Arthur Drews Vorträge:* Arthur Drews, 1865–1935, Professor der Philosophie an der Technischen Hochschule zu Karlsruhe, hatte am 10. Oktober 1920 in von der freireligiösen Gemeinde zu Konstanz veranstalteten Vorträgen über «Rudolf Steiners Anthroposophie» gesprochen. Diesen Vortrag wiederholte er am 19. November in Mainz. – Seine gegen die Anthroposophie gerichteten Aufsätze erschienen gesammelt unter dem Titel «Metaphysik und Anthroposophie in ihrer Stellung zur Erkenntnis des Übersinnlichen», Berlin 1922.

82 *Eduard von Hartmann,* 1842–1906. «Philosophie des Unbewußten. Versuch einer Weltanschauung», Berlin 1869.

*Graf Hermann Keyserling,* 1880–1946. Vgl. beispielsweise das Kapitel: «Für und wider die Theosophie» in «Philosophie als Kunst», Darmstadt 1920.

84 *worauf ja vor längerer Zeit schon hingewiesen worden ist:* Siehe u. a. «Das

Ereignis der Christus-Erscheinung in der ätherischen Welt» (16 Vorträge in versch. Städten 1910), Bibl.-Nr. 118, GA 1977.

92 *Anatol Wassiljewitsch Lunatscharskij,* 1875–1933, russischer Schriftsteller und Politiker; seit 1917 Volkskommissar für Volksaufklärung.

98 *der Postmeister von Berlin:* Karl Ferdinand Friedrich von Nagler, 1770–1846.

100 *jener sonderbare Gelehrte:* Konnte nicht festgestellt werden.

108 *John Wyclif,* um 1330–1384, englischer Theologe und Reformator.

*Johann Hus,* um 1369–1415, böhmischer Theologe und Reformator.

111 *Dinge, die der ... berühmte Schmiedel herausgefunden hat:* Gemeint ist der Professor *Otto Schmiedel,* geb. 1858, der in seiner Schrift «Die Hauptprobleme der Leben Jesu Forschung», Tübingen und Leipzig 1902 S. 39 f. sich folgendermaßen äußert: «Wir haben es als ein wesentliches Merkmal der Lebensdarstellungen der Religionsstifter und Erlöserpersönlichkeiten erkannt, daß sie mit frommem Eifer diese Persönlichkeit verherrlichen, ja *vergöttlichen.* Je mehr diese Tendenz sich steigert, desto mehr verliert der Bericht den *geschichtlichen* Charakter und wird *legendarisch.* Kehren wir nun die Sache um! Finden wir in den Evangelien Stellen, welche von Jesus etwas im Gegensatz zu diesem Verherrlichungsstreben stehendes aussagen, welche aber von *späteren* Evangelien umgebogen oder beseitigt worden sind, weil diese an jenen Menschlichkeiten, an jenem Mangel an Verherrlichung Anstoß nehmen, so kann man mit Sicherheit darauf rechnen, daß diese Jesum *nicht* verherrlichenden Stellen *alt* und *echt* sind.»

115 *im Ablehnen derlei Frohnmeyers:* Bezieht sich auf den protestantischen Missionsinspektor Johann Frohnmeyer in Basel, der 1920 eine Schrift schrieb unter dem Titel «Die theosophische Bewegung, ihre Geschichte, Darstellung und Beurteilung».

124 *August Weismann,* 1834–1914, deutscher Zoologe.

128 *Woodrow Wilson,* 1856–1924, von 1913–1921 Präsident der Vereinigten Staaten.

129 *in meiner «Geheimwissenschaft im Umriß»:* (1910), Bibl.-Nr. 13, GA 1977.

133 *«Mein Reich ist nicht von dieser Welt»:* Joh. 18, 36.

134 *Karl Goetz* und *Gerhard Heinzelmann:* Waren damals Theologieprofessoren in Basel.

## *Wesentliche Änderungen aufgrund des erneuten Stenogrammvergleichs*

| *Seite* | *Zeile* | *jetziger Wortlaut:* | *früherer Wortlaut:* |
|---|---|---|---|
| 21 | 10 v.u. | dumpf-apathischen | dumpfen dogmatischen |
| 23 | 5 v.o. | Dann überflutet mit dem Darwinismus, mit dem Spencerismus die Westkultur alles ... | Dann überflutet der Darwinismus, der Spencerismus ... |
| 26 | 4 v.u. | sie weiß, welch großer Kampf sich abspielt zwischen dem, was aus der Geisteswissenschaft heraus an sozialen Impulsen in der Dreigliederung kommen kann und demjenigen, was als bolschewistische Welle, die zum Unheile der Menschheit führen würde, sich dieser Dreigliederung entgegen wirft. | weiß, welcher große Kampf sich abspielt zwischen dem, was sich als bolschewistische Welle, die zum Unheile der Menschheit führen würde, demjenigen entgegenwirft, was aus der Geisteswissenschaft heraus an sozialen Impulsen in der Dreigliederung kommen kann. |
| 34 | 3 v.u. | er ist zum äußeren Dasein | es ist das zum äußeren Dasein |
| 34 | 2 v.u. | Da hat er | Da hat es |
| 45 | 9 v.u. | aus der eingebildeten Selbstlosigkeit | aus der Selbstlosigkeit |
| 47 | 13 v.u. | Lebenden | Wohnenden |
| 54 | 14 v.u. | als Äußeres dazu nicht | als Äußeres nicht |
| 55 | 2 v.o. | hinaufträgt | hinauf darstellt |
| 57 | 2 v.o. | viel Westliches | etwas Westliches |
| 68 | 3 v.o. | solle. | wolle. |
| 92 | 2 v.o. | Er sah darinnen nicht bloß dasjenige, was der heutige Mensch sieht, tote Natur; er sah | (fehlte) |
| 93 | 9 v.u. | Will er ins Wirtschaftsleben fliehen, ist er auch nicht frei, denn die Maschinen überwältigen ihn nur. Wenn er aber Fähigkeiten ausbildet, die weder mit der Erkenntnis, noch mit dem praktischen Leben etwas zu tun haben, wie die reine Intelligenz, kann er ... | Ins Wirtschaftsleben hinein fällt es auch nicht, denn die Maschinen überwältigen ihn, wenn er Fähigkeiten ausbildet, die weder mit der Erkenntnis noch mit dem praktischen Leben etwas zu tun haben wie die reine Intelligenz. Kann er ... |
| 95 | 8 v.u. | abgespielt | abzuspielen |

| *Seite* | *Zeile* | *jetziger Wortlaut:* | *früherer Wortlaut:* |
|---|---|---|---|
| 96 | 17 v.o. | er muß | die müssen |
| 98 | 9 v.o. | jener | jeder |
| 99 | 6 v.o. | elementares | elementarisches |
| 101 | 11 v.o. | von mir | davon |
| 106 | 12 v.o. | Das alte, auf Schauen beruhende geistige Leben, das den Geist überhaupt schon im Jahre 869 abgeschafft hatte, wie wir öfter besprochen haben, geht ganz und gar über in ein ... | Es geht allmählich ganz und gar über das alte auf Schauen beruhende geistige Leben, das den Geist überhaupt schon im Jahre 869 abgeschafft hatte, wie wir früher besprochen haben, in ein... |
| 133 | 4 v.u. | Wiedererscheinung | Neuerscheinung |
| 135 | 2 v.u. | verdrängte | vertrackte |

# ÜBER DIE VORTRAGSNACHSCHRIFTEN

*Aus Rudolf Steiners Autobiographie*
*«Mein Lebensgang» (35. Kap., 1925)*

Es liegen nun aus meinem anthroposophischen Wirken zwei Ergebnisse vor; erstens meine vor aller Welt veröffentlichten Bücher, zweitens eine große Reihe von Kursen, die zunächst als Privatdruck gedacht und verkäuflich nur an Mitglieder der Theosophischen (später Anthroposophischen) Gesellschaft sein sollten. Es waren dies Nachschriften, die bei den Vorträgen mehr oder weniger gut gemacht worden sind und die – wegen mangelnder Zeit – nicht von mir korrigiert werden konnten. Mir wäre es am liebsten gewesen, wenn mündlich gesprochenes Wort mündlich gesprochenes Wort geblieben wäre. Aber die Mitglieder wollten den Privatdruck der Kurse. Und so kam er zustande. Hätte ich Zeit gehabt, die Dinge zu korrigieren, so hätte vom Anfange an die Einschränkung «Nur für Mitglieder» nicht zu bestehen gebraucht. Jetzt ist sie seit mehr als einem Jahre ja fallen gelassen.

Hier in meinem «Lebensgang» ist notwendig, vor allem zu sagen, wie sich die beiden: meine veröffentlichten Bücher und diese Privatdrucke in das einfügen, was ich als Anthroposophie ausarbeitete.

Wer mein eigenes inneres Ringen und Arbeiten für das Hinstellen der Anthroposophie vor das Bewußtsein der gegenwärtigen Zeit verfolgen will, der muß das an Hand der allgemein veröffentlichten Schriften tun. In ihnen setzte ich mich auch mit alle dem auseinander, was an Erkenntnisstreben in der Zeit vorhanden ist. Da ist gegeben, was sich mir in «geistigem Schauen» immer mehr gestaltete, was zum Gebäude der Anthroposophie – allerdings in vieler Hinsicht in unvollkommener Art – wurde.

Neben diese Forderung, die «Anthroposophie» aufzubauen und dabei nur dem zu dienen, was sich ergab, wenn man Mitteilungen aus der Geist-Welt der allgemeinen Bildungswelt von heute zu übergeben hat, trat nun aber die andere, auch dem voll entgegenzukommen, was aus der Mitgliedschaft heraus als Seelenbedürfnis, als Geistessehnsucht sich offenbarte.

Da war vor allem eine starke Neigung vorhanden, die Evangelien und den Schrift-Inhalt der Bibel überhaupt in dem Lichte dargestellt zu hören, das sich als das anthroposophische ergeben hatte. Man wollte in Kursen über diese der Menschheit gegebenen Offenbarungen hören.

Indem interne Vortragskurse im Sinne dieser Forderung gehalten wurden, kam dazu noch ein anderes. Bei diesen Vorträgen waren nur Mitglieder. Sie waren mit den Anfangs-Mitteilungen aus Anthroposophie bekannt. Man konnte zu ihnen eben so sprechen, wie zu Vorgeschrittenen auf dem Gebiete der Anthroposophie. Die Haltung dieser internen Vorträge war eine solche, wie sie eben in Schriften nicht sein konnte, die ganz für die Öffentlichkeit bestimmt waren.

Ich durfte in internen Kreisen in einer Art über Dinge sprechen, die ich für die öffentliche Darstellung, wenn sie für sie von Anfang an bestimmt gewesen wären, hätte anders gestalten *müssen.*

So liegt in der Zweiheit, den öffentlichen und den privaten Schriften, in der Tat etwas vor, das aus zwei verschiedenen Untergründen stammt. Die ganz öffentlichen Schriften sind das Ergebnis dessen, was in mir rang und arbeitete; in den Privatdrucken ringt und arbeitet die Gesellschaft mit. Ich höre auf die Schwingungen im Seelenleben der Mitgliedschaft, und in meinem lebendigen Drinnenleben in dem, was ich da höre, entsteht die Haltung der Vorträge.

Es ist nirgends auch nur in geringstem Maße etwas gesagt, was nicht reinstes Ergebnis der sich aufbauenden Anthroposophie wäre. Von irgend einer Konzession an Vorurteile oder Vorempfindungen der Mitgliedschaft kann nicht die Rede sein. Wer diese Privatdrucke liest, kann sie im vollsten Sinne eben als das nehmen, was Anthroposophie zu sagen hat. Deshalb konnte ja auch ohne Bedenken, als die Anklagen nach dieser Richtung zu drängend wurden, von der Einrichtung abgegangen werden, diese Drucke nur im Kreise der Mitgliedschaft zu verbreiten. Es wird eben nur hingenommen werden müssen, daß in den von mir nicht nachgesehenen Vorlagen sich Fehlerhaftes findet.

*Ein Urteil über den Inhalt eines solchen Privatdruckes* wird ja allerdings nur demjenigen zugestanden werden können, der kennt, was als Urteils-Voraussetzung angenommen wird. Und das ist für die allermeisten dieser Drucke *mindestens* die anthroposophische Erkenntnis des Menschen, des Kosmos, insofern sein Wesen in der Anthroposophie dargestellt wird, und dessen, was als «anthroposophische Geschichte» in den Mitteilungen aus der Geist-Welt sich findet.

# RUDOLF STEINER GESAMTAUSGABE

Gliederung nach: Rudolf Steiner - Das literarische und künstlerische Werk. Eine bibliographische Übersicht (Bibliographie-Nrn. *kursiv* in Klammern)

## A. SCHRIFTEN

*I. Werke*

Goethes Naturwissenschaftliche Schriften, eingeleitet und kommentiert von R. Steiner, 5 Bände, 1883/97, Neuausgabe 1975, *(1a-e)*; separate Ausgabe der Einleitungen, 1925 *(1)*

Grundlinien einer Erkenntnistheorie der Goetheschen Weltanschauung, 1886 *(2)*

Wahrheit und Wissenschaft. Vorspiel einer ‹Philosophie der Freiheit›, 1892 *(3)*

Die Philosophie der Freiheit. Grundzüge einer modernen Weltanschauung, 1894 *(4)*

Friedrich Nietzsche, ein Kämpfer gegen seine Zeit, 1895 *(5)*

Goethes Weltanschauung, 1897 *(6)*

Die Mystik im Aufgange des neuzeitlichen Geisteslebens und ihr Verhältnis zur modernen Weltanschauung, 1901 *(7)*

Das Christentum als mystische Tatsache und die Mysterien des Altertums, 1902 *(8)*

Theosophie. Einführung in übersinnliche Welterkenntnis und Menschenbestimmung, 1904 *(9)*

Wie erlangt man Erkenntnisse der höheren Welten? 1904/05 *(10)*

Aus der Akasha-Chronik, 1904/08 *(11)*

Die Stufen der höheren Erkenntnis, 1905/08 *(12)*

Die Geheimwissenschaft im Umriß, 1910 *(13)*

Vier Mysteriendramen: Die Pforte der Einweihung - Die Prüfung der Seele Der Hüter der Schwelle - Der Seelen Erwachen, 1910/13 *(14)*

Die geistige Führung des Menschen und der Menschheit, 1911 *(15)*

Anthroposophischer Seelenkalender, 1912 *(in 40)*

Ein Weg zur Selbsterkenntnis des Menschen, 1912 *(16)*

Die Schwelle der geistigen Welt, 1913 *(17)*

Die Rätsel der Philosophie in ihrer Geschichte als Umriß dargestellt, 1914 *(18)*

Vom Menschenrätsel, 1916 *(20)*

Von Seelenrätseln, 1917 *(21)*

Goethes Geistesart in ihrer Offenbarung durch seinen Faust und durch das Märchen von der Schlange und der Lilie, 1918 *(22)*

Die Kernpunkte der sozialen Frage in den Lebensnotwendigkeiten der Gegenwart und Zukunft, 1919 *(23)*

Aufsätze über die Dreigliederung des sozialen Organismus und zur Zeitlage 1915-1921 *(24)*

Kosmologie, Religion und Philosophie, 1922 *(25)*

Anthroposophische Leitsätze, 1924/25 *(26)*

Grundlegendes für eine Erweiterung der Heilkunst nach geisteswissenschaftlichen Erkenntnissen, 1925. Von Dr. R. Steiner und Dr. I. Wegman *(27)*

Mein Lebensgang, 1923/25 *(28)*

*II. Gesammelte Aufsätze*

Aufsätze zur Dramaturgie 1889-1901 7*(29)* – Methodische Grundlagen der Anthroposophie 1884-1901 *(30)* – Aufsätze zur Kultur- und Zeitgeschichte 1887-1901 *(31)* – Aufsätze zur Literatur 1886-1902 *(32)* – Biographien und biographische Skizzen 1894-1905 *(33)* – Aufsätze aus «Lucifer-Gnosis» 1903-1908 *(34)* – Philosophie und Anthroposophie 1904-1918 *(35)* – Aufsätze aus «Das Goetheanum» 1921-1925 *(36)*

*III. Veröffentlichungen aus dem Nachlaß*

Briefe – Wahrspruchworte – Bühnenbearbeitungen – Entwürfe zu den Vier Mysteriendramen 1910-1913 – Anthroposophie. Ein Fragment aus dem Jahre 1910 – Gesammelte Skizzen und Fragmente – Aus Notizbüchern und -blättern – *(38-47)*

## B. DAS VORTRAGSWERK

*I. Öffentliche Vorträge*

Die Berliner öffentlichen Vortragsreihen, 1903/04 bis 1917/18 *(51-67)* – Öffentliche Vorträge, Vortragsreihen und Hochschulkurse an anderen Orten Europas 1906-1924 *(68-84)*

*II. Vorträge vor Mitgliedern der Anthroposophischen Gesellschaft*

Vorträge und Vortragszyklen allgemein-anthroposophischen Inhalts – Christologie und Evangelien-Betrachtungen – Geisteswissenschaftliche Menschenkunde – Kosmische und menschliche Geschichte – Die geistigen Hintergründe der sozialen Frage – Der Mensch in seinem Zusammenhang mit dem Kosmos – Karma-Betrachtungen – *(91-244)*
Vorträge und Schriften zur Geschichte der anthroposophischen Bewegung und der Anthroposophischen Gesellschaft *(251-263)*

*III. Vorträge und Kurse zu einzelnen Lebensgebieten*

Vorträge über Kunst: Allgemein-Künstlerisches – Eurythmie – Sprachgestaltung und Dramatische Kunst – Musik – Bildende Künste – Kunstgeschichte – *(271-292)* – Vorträge über Erziehung *(293-311)* – Vorträge über Medizin *(312-319)* – Vorträge über Naturwissenschaft *(320-327)* – Vorträge über das soziale Leben und die Dreigliederung des sozialen Organismus *(328-341)* – Vorträge für die Arbeiter am Goetheanumbau *(347-354)*

## C. DAS KÜNSTLERISCHE WERK

Originalgetreue Wiedergaben von malerischen und graphischen Entwürfen und Skizzen Rudolf Steiners in Kunstmappen oder als Einzelblätter: Entwürfe für die Malerei des Ersten Goetheanum – Schulungsskizzen für Maler – Programmbilder für Eurythmie-Aufführungen – Eurythmieformen – Skizzen zu den Eurythmiefiguren, u.a.

*Die Bände der Rudolf Steiner Gesamtausgabe*
*sind innerhalb einzelner Gruppen einheitlich ausgestattet*
*Jeder Band ist einzeln erhältlich*